日语专业系列教材

普通高等教育"十一五"国家级规划教材
普通高等教育精品教材

日本语听力

第四版

学生用书　第三册

主　编　侯仁锋　梁高峰
副主编　段笑晔
编　者　王　晶　刘　侃　孙　莉　沈丽芳　侯仁锋　段笑晔　梁高峰
审　校　安中妙（日）

华东师范大学出版社
·上海·

图书在版编目(CIP)数据

日本语听力学生用书.第三册/侯仁锋,梁高峰主编.
—4版.—上海:华东师范大学出版社,2020
ISBN 978-7-5760-0273-7

Ⅰ.①日… Ⅱ.①侯…②梁… Ⅲ.①日语－听说教学－高等学校－教材 Ⅳ.①H369.9

中国版本图书馆 CIP 数据核字(2020)第 084018 号

日本语听力学生用书·第三册
(第四版)

主　　编　　侯仁锋　梁高峰
责任编辑　　孔　凡
装帧设计　　卢晓红

出版发行　华东师范大学出版社
社　　址　上海市中山北路3663号　邮编 200062
网　　址　www.ecnupress.com.cn
电　　话　021-60821666　行政传真 021-62572105
客服电话　021-62865537　门市(邮购)电话 021-62869887
地　　址　上海市中山北路3663号华东师范大学校内先锋路口
网　　店　http://hdsdcbs.tmall.com

印刷者　常熟高专印刷有限公司
开　　本　787毫米×1092毫米　1/16
印　　张　24.25
字　　数　525千字
版　　次　2020年11月第1版
印　　次　2025年7月第4次
书　　号　ISBN 978-7-5760-0273-7
定　　价　59.00元

出版人　王焰

(如发现本版图书有印订质量问题,请寄回本社客服中心调换或电话 021-62865537 联系)

本书音频中 NHK 天气预报、新闻等语音材料由日本 NHK INTERNATIONAL，INC. 授权许可使用，特此鸣谢。
版权所有，未经 NHK INTERNATIONAL，INC. 许可不得翻录。

Portions of radio news and weather forecast material are used with permission from NHK INTERNATIONAL, INC.
All rights reserved.

上海市版权局著作权合同登记　图字:09 - 2007 - 340 号

出版说明

《日本语听力》教材初版于1998~2001年间，再版于2007~2008年间。其间，被评为普通高等教育"十一五"国家级规划教材。历经8年，2015~2016年间，进行了第三版次的修订。时光荏苒，本次为第四版次修订。

该教材初版之际，其编写工作即得到了日本国际交流基金会的大力支持，每册主编均应邀赴日，在日本语言和文化学界一流专家的指导下，几易初稿直至通过审核定稿。教材一经出版，即得到了国内日语界的广泛认可，每册教材多次印刷，成为我国高校日语专业听力课程的首选教材。

随着时间的推移，日本的社会文化发生了巨大的变化，中国日语教学理念不断更新，广大日语教师在使用过程中有诸多心得，也积累了不少经验，为了满足日语教育的需求，2007年我们进行了修订，是为第二版。将教材的结构由原来的五册改为四册；修订后的"教师用书"改为"教学参考书"，每册均配套CD光盘（并有磁带供选用）。针对日语教学现状和需求，2015年，在广泛征求高校教师的意见和建议的基础上，我们再次启动了第三版的修订工作。每一册修订幅度均在50%以上。根据广大日语专业师生的反馈，我们调整了入门篇与第一册、第二册之间的难度衔接；每册均配套CD光盘。特别值得一提的是，第三版修订我们注重贴近日语国际能力考试的教学需求，不仅调整了听力材料的难度，更增加了部分日语国际能力考试听力题型。

本次第四版修订仍旧保持前两版的结构，即入门篇（主编沙秀程 日本九州女子大学教授）、第一册（主编徐敏民 华东师范大学教授）、第二册（主编杜勤 上海理工大学教授）和第三册（主编侯仁锋 日本广岛大学教授；主编梁高峰 西安电子科技大学副教授）。本次修订各册均更新了部分题型，题目设计更加合理、科学，力求提供真实的听力材料，贴近当下日本社会的现状。同时根据时代发展和学习需求，配套在线学习APP，下载音频资源至本地，离线也能随时随地训练听力。

我们相信，本次修订后的教材会以更高的质量呈现在广大读者面前，为加强国际传播能力建设，全面提升国际传播效能，形成同我国综合国力和国际地位相匹配的国际话语权，为我国的日语教育作出更大的贡献。我们真诚地希望日语教育的专家、学者以及广大读者继续对本教材提出宝贵的意见，以便不断改进，精益求精。

华东师范大学出版社

2020年10月

前言

《日本语听力第三册(第三版)》,自2016年出版以来,承蒙广大日语师生的厚爱,读者群体年年增加,销量逐年增长。经过几年的使用,我们觉得有必要对教材中的内容进行更新和完善,以满足日语界广大师生对听力教材的新要求。此次,在华东师范大学出版社的大力支持下,经过七位教学第一线老师(县立广岛大学侯仁锋、西安电子科技大学梁高峰、空军军医大学刘侃、西安交通大学王晶、孙莉、沈丽芳、西安外国语大学段笑晔)的共同努力,再次进行修订,以崭新的内容和形式,付梓问世。

近些年来,学界对听力的研究有了新认识、新见解、新成果。本教材是在充分吸收了这些研究新成果的基础上编写的,主要有以下特点:

1. 所有内容取自口语材料

听力课的目的是培养学生从声音媒体获取信息的能力。何为声音媒体?不言而喻,就是"说",即"听"的对象是"说"。所以,听力教材必须是口语化的教材。口语教材又分为对话型和独话型,这些本教材都兼顾到了,所使用的听力材料都是自然、地道的口语文本。

2. 声音材料原汁原味

得益于便捷的网络和普及的数码科技,我们使用的材料不是自己重新录制的,而是从现场或网络媒体上获取的,所以,它不论是内容还是风格,如语速、语调、谈话形式等都是原汁原味的,这可使同学接受到真实而地道的日语。尤其是听的环境是真实的,如车站广播等,虽然会有些杂音,但实际情况就是如此。所以听这种材料不是纸上练兵,而是水中学泳。

3. 训练贴近现实

在选择题材和体裁时,我们始终坚持必须贴近现实的原则。如车站广播、天气预报、政府公告、童话、故事、广播剧、新闻报道等题材,都是和日常生活密切相关的内容。体裁兼顾了对话、访谈、交谈、讲解、介绍、广播等多种形式。这样的设定,可以让同学将来接触到这些内容时,起码不会感到陌生,而能从容应对。

4. 尊重"听"的规律

"听"会受到很多客观因素的制约,如受生理方面的制约,因此,听力和记忆力有关。相关研究表明,人在听的过程中的记忆力只有20秒左右,这就告诉我们,听的每个片段不宜太长,若太长,即使听懂了也记不住。我们将每个听的片段设计得尽量短一些,以符合这个客观规律。又如,听力具有选择性,所以我们将设问放到了听的开始,使同学能有目的地去听。再者,遵循由易到难的原则,第一遍设问一些较为浅显的信息,如时间、地点等;第二遍就过程、梗概、大意进行设问;第三遍再设问具体细节及其判断正误。这样便可逐渐听懂每个片段。

5. 突出获取信息能力的培养

以往的一些听力教材,从文本的选用到问题的设问,无异于精读课的设计和上法,仍在讲词汇练语法。本教材从选材到设问,都以培养同学获取信息能力为出发点,强调听完每个片段后,通过重点设问、连环设问、多项选择、判断正误等,引导同学利用背景知识、相关信息、前后提示、逻辑推理等手段,在获取信息上下功夫,以培养其获取信息的能力。

6. 发挥"听"的"输入"功能

第二言语习得研究证明,外语能力的获得,需要大量的"输入","听"在外语学习过程中的另一个功能就是"输入",所以本教材安排了20课,而且每课又分课堂部分和课后部分,完全是出于这一考虑设计的。我们不奢望听完这册教材就能完全提高听力,而是想由此告诉同学们,要去大量地听,只有达到了一定的量,才会有质的变化。

* 本教材的使用方法

本教材供第二学年第二学期或第三学年第一学期使用。据我们调查,这个阶段不少院校每周只安排一次两节听力课,所以本教材按一个学期16周设计,一周一课,但考虑到不同院校的水平及进度不同,我们编写了20课,备下选择的余地。

每次两节课按100分钟编排,我们通过反复使用测试,认为每课的听力教材总长度,最好控制在20分钟左右(但根据信息的密度,有的略短些有的略长些)。即每个片段设计听三遍,这样至少

就用去了60分钟,同学答题时间约20分钟,其余为老师的提示、讲解时间。根据同学的程度,当然也可以多听几遍。

具体听法如下:

听前,即"ウォーミングアップ"部分,根据内容的多少,给同学半分钟或1分钟时间浏览给出的信息,熟悉内容,真正做到"热身"。

所听内容按"○次の問題を考えながら聞きましょう。""○では、更に次の問題を意識しながらもう一度聞きましょう。""○もう一度聞いて、確認しましょう。"三步设计,每步下设若干个具体听力问题,首先边听边看这些设问,同时浏览相应的选择项。否则,同学将不知道要听什么。然后,再开始听正式内容。

另外,前面提过,每个听的片段不宜过长,所以,我们根据内容,把一个长的听力材料分成几段来听,并分别设题让同学回答。这样就需要教师备好课,了解分段的所在。

再者,本教材配有教学参考书,提供答案和听力材料文字稿,建议同学不要提前看,在听过几遍后实在听不懂时再看,只有这样做才对提高听力有益。

* 说明

由于不少听力材料是即席对谈,谈吐中助词脱落、约音、音变等很多,其中也有口误,但文字文本中我们没做改动,请上课老师自己把握。对收录的单词,我们只做了本课用法的释义;另外,收录了不少地名、人名等固有名词,一则是因为读音较难,二则是我们觉得在听力理解中地名、人名等都是重要信息。

* 致谢

我们在修订本册教材之际,为了确保听力所使用材料的原汁原味,从互联网等诸多媒体上选用了很多篇段。我们没能一一与所选篇段的媒体或作者联系,敬请原谅!并请理解我们的所为——完全是为了提高中国的日语教学。在本书的附录中,我们以"网络资源"的形式列出了所选用材料的各媒体,以表示我们诚挚的谢意。

在本教材的修订过程中,华东师范大学出版社编辑孔凡给予了热情指导和大力支持,在此我

们表示衷心的感谢。对审校本教材的各位编辑老师表示由衷的感谢。

  教材的编写是一项十分严肃和重要的科研工作，我们力图本着严谨、务实和科学的态度编写本教材，但是，由于水平有限，经验不足，错误与疏漏在所难免，敬请日语界同行和广大读者不吝赐教！

编 者

2020 年 9 月 23 日于西安

目次

	授 業 用	課外自習用
1	第1課 童話（語り）	・山形県佐兵の頓知話（語り）
15	第2課 伝統行事（解説）	・占い師の相談部屋（紹介）
34	第3課 風習の数々（解説）	・お酒の話（インタビュー）
47	第4課 生活安全情報（解説）	・火災防止対策（解説）
62	第5課 天気予報（対談・解説）	・気象情報（対談・解説）
84	第6課 駅構内・車内放送（オリジナル放送）	・特急列車の車内放送（オリジナル放送）
103	第7課 ニュース［政治・社会］（ラジオニュース）	・その続き（ラジオニュース）
118	第8課 政府広報（会話・解説）	・政府広報（解説・対談）
137	第9課 健康に暮らしましょう（解説）	・食べ方など（解説・インタビュー）
159	第10課 ショートストーリー（朗読）	・刺激（朗読）
172	第11課 東京暮し相談（クエスチョンとアンサー）	・赤ちゃんが笑う時（インタビュー）

184	第12課　ニュース[経済](ラジオニュース)	・その続き(ラジオニュース)
203	第13課　環境保護(現地レポート)	・アロマセラピー　花粉症(解説)
220	第14課　自分を表現して(解説)	・自分の目指すもの(発表)
231	第15課　やさしさよ(対談)	・思い出に残る映画(紹介)
244	第16課　ニュース[スポーツ](ラジオニュース)	・その続き(ラジオニュース)
259	第17課　生き方[ライフ/携帯小説/声優の紹介](対談)	・声優の紹介(対談)
275	第18課　僕の愛した人(ラジオドラマ)	・高天原高校新聞部(ラジオドラマ)
287	第19課　商品広告(ラジオ広告)	・その続き(ラジオ広告)
311	第20課　ロボタン(ラジオドラマ)	・ロボタン(ラジオドラマ)
321	附录	
322	一、日本的都道府县	
324	二、东京轨道交通图	
325	三、大阪轨道交通图	
326	四、单词表(単語リスト)	

第1課　童話(語り)

内容1　童話1

ウォーミングアップ

スタイル：語り

登場人物：和尚　　小坊主　　一休　　弥助

提示単語：

なめる　　バリバリ　　とっくに　　とっさ　　硯(すずり)　　囲碁(いご)　　呉服屋(ごふくや)

張り紙(はがみ)　　獣(けもの)　　毛皮(けがわ)　　太鼓(たいこ)　　頓知(とんち)　　敵(かな)う　　バチ　　なにやら

立て札(たてふだ)　　堂々(どうどう)　　かぶと

その1

○　次の問題を考えながら聞きましょう。

1. 壷に入っているものは、和尚さんは何だと言いましたか。
2. 壷に入っているものは、小坊主たちは何だと思っていますか。
3. 一休さんは何を割ってしまいましたか。

メモ

1の選択肢
  a. 水飴   b. 水   c. 毒

2の選択肢
  a. 水飴   b. 水   c. 毒

3の選択肢
  a. 壺   b. 硯   c. 障子

○ では、更に次の問題を意識しながらもう一度聞きましょう。
   1. 今日はいつもとどこが違いますか。
   2. 一休さんはどうして泣いたのですか。
   3. 一休さんの話を聞いた和尚さんはどんな気持ちだと思いますか。

メモ

1の選択肢
  a. 和尚さんが水飴をなめていること
  b. 和尚さんが毒をなめていること
  c. 和尚さんが小坊主たちに覗かれたこと
  d. 和尚さんが小坊主たちに尋ねられたこと

2の選択肢
  a. 硯を割ってしまったから
  b. 毒を飲んでしまったから
  c. 和尚さんに叱られたから
  d. 和尚さんの注意を引きたかったから

3の選択肢
  a. 怖かった気持ち
  b. 驚いた気持ち
  c. 悔しかった気持ち
  d. ほっとした気持ち

○ もう一度聞いて、次の問題に答えましょう。
   1. 内容と合っているものに○を、違っているものに×をつけてください。

第1課　童話（語り）

　　2. 一休さんはどういう方法で叱られずに水飴をなめたのですか。

メモ

1の選択肢

　a. (　　) 小坊主たちはわざと障子を破りました。
　b. (　　) 壺に入っているものを、小坊主たちはその日まで知りませんでした。
　c. (　　) 一休さんはわざと硯を割りました。
　d. (　　) 和尚さんは一休さんの話を信じました。

2の答え：＿＿＿＿＿＿＿＿＿＿＿＿＿＿＿＿＿＿＿＿＿＿＿＿＿＿＿＿＿＿
　　　　＿＿＿＿＿＿＿＿＿＿＿＿＿＿＿＿＿＿＿＿＿＿＿＿＿＿＿＿＿＿

その2

○　次の問題を考えながら聞きましょう。
　　1. 弥助さんはいつもどんな服を着ていますか。
　　2. どうして弥助さんはよく寺に来るのですか。
　　3. 弥助さんはその日、結局どうしましたか。

メモ

1の選択肢

　a. 呉服　　　b. 毛皮の服　　　c. 袈裟

2の選択肢

　a. 和尚さんに呉服を売りたいから
　b. 和尚さんに招かれるから
　c. 和尚さんと囲碁をしたいから
　d. 小坊主たちと囲碁をしたいから

3の選択肢

　a. いつものように囲碁をしました。

b. 太鼓を叩きました。
c. 町へ逃げ帰っていきました。

○ では、更に次の問題を意識しながらもう一度聞きましょう。
1. 小坊主たちの悩みは何ですか。
2. 一休さんは、弥助さんを来させないために何をしましたか。
3. 弥助さんはどうしていつものとおり、寺に入ったのですか。

メモ

1 の選択肢
a. 弥助さんがよく寺に来ることです。
b. 弥助さんがよく和尚さんと囲碁をすることです。
c. 弥助さんがよく遅くまで帰らないことです。
d. 弥助さんがよく毛皮を着ていることです。

2 の選択肢
a. 寺の門に張り紙を貼って、獣の皮を着た人しか入らせませんでした。
b. 寺の門に張り紙を貼って、獣の皮を着た人を入らせませんでした。
c. 寺の門に張り紙を貼って、太鼓を持った人しか入らせませんでした。
d. 寺の門に張り紙を貼って、太鼓を持った人を入らせませんでした。

3 の選択肢
a. 寺の門に張ってあった張り紙を見なかったから
b. その日、獣の皮を着ていなかったから
c. 寺の中の太鼓も獣の皮を張ってあるから
d. その日、太鼓を持っていたから

○ もう一度聞いて、次の問題に答えましょう。
1. 次の（　）に適当な言葉を書き込み、その意味を推測して中国語で書いてください。
2. 対策として、一休さんたちは何をしましたか。自分の言葉でまとめてください。

メモ

第1課　童話(語り)

1の答え

　a. 弥助さんも少し(　　　　)ができるようです。

　　意味：_____

　b. でも、一休さんには(　　　　)ません。

　　意味：_____

　c. (　　　　)で叩かれてもいいのですね。

　　意味：_____

2の答え：_____
　　　　_____

その3

○　次の問題を考えながら聞きましょう。

　1. 誰が誰に手紙を書きましたか。
　2. 弥助さんの家へ行くには、何をしなければならないのですか。
　3. 弥助さんはなぜ一休さんたちを招いたのですか。

メモ

1の選択肢

　a. 一休さんが和尚さんと弥助さんに手紙を書きました。
　b. 和尚さんが弥助さんと一休さんに手紙を書きました。
　c. 弥助さんが和尚さんと一休さんに手紙を書きました。
　d. 和尚さんと一休さんが弥助さんに手紙を書きました。

2の選択肢

　a. 弥助さんに手紙を書かなければなりません。
　b. 橋を渡らなければなりません。
　c. 立て札を立てなければなりません。
　d. かぶとを脱がなければなりません。

3の選択肢

　a. 感謝したいから　　　　　　　b. 奢りたいから

c. 怒らせたいから　　　　　　　　d. 困らせたいから

○ では、更に次の問題を意識しながらもう一度聞きましょう。
1. その立て札に書いてある「はし」は、漢字で書けばどう書きますか。
2. 一休さんが言っている「はし」は、漢字で書けばどう書きますか。
3. 一休さんはどんな言語現象を利用しましたか。

メモ

1 の答え：＿＿＿＿＿＿＿＿＿＿＿＿＿＿＿＿＿＿＿＿＿＿＿＿＿
2 の答え：＿＿＿＿＿＿＿＿＿＿＿＿＿＿＿＿＿＿＿＿＿＿＿＿＿
3 の選択肢
　a. 同音異義　　　　b. 同音同義　　　　c. 同音同字

○ もう一度聞いて、次の問題に答えましょう。
1. 文末に「かぶとを脱ぎました」という言葉がありますが、それはどういう意味ですか。
2. 自分の言葉で粗筋を簡単にまとめてください。

メモ

1 の選択肢
　a. 敬服
　b. 軽蔑
　c. 意地悪
　d. 迷惑
2 の答え：＿＿＿＿＿＿＿＿＿＿＿＿＿＿＿＿＿＿＿＿＿＿＿＿＿
　　　　　＿＿＿＿＿＿＿＿＿＿＿＿＿＿＿＿＿＿＿＿＿＿＿＿＿

内容2　童話2

ウォーミングアップ

スタイル：語り
登場人物：お姫様　　姫様のお母様　　若君　　若君の両親　　観音様
提示単語：

お姫様（ひめさま）　琴（こと）　夢枕（ゆめまくら）　観音様（かんのんさま）　お告げ（つげ）　被せる（かぶせる）　屋敷（やしき）　とぼとぼ
気味悪い（きみわるい）　化けもの（ばけもの）　くたくた　疲れ果てる（つかれはてる）　担ぐ（かつぐ）　浮く（うく）　浮かぶ（うかぶ）
ずんずん　川岸（かわぎし）　武家（ぶけ）　若君（わかぎみ）　通りかかる（とおりかかる）　家来（けらい）　岸上（きしがみ）　哀れ（あわれ）
音色（ねいろ）　拝む（おがむ）　見とれる（みとれる）　一目（ひとめ）

その1

○　次の問題を考えながら聞きましょう。

1. 誰が死んでしまいましたか。
2. お姫様は誰に家から追い出されましたか。
3. 誰がお姫様の頭に鉢を被せましたか。
4. お姫様は誰に石を投げつけられましたか。

メモ

1 の選択肢

a. お姫様

b. お姫様のお父様

c. お姫様のお母様

d. お姫様の新しいお母様

2 の選択肢

a. お姫様のお父様

b. お姫様の新しいお母様

　　c. お姫様のお母様

　　d. お姫様の新しいお父様

3 の選択肢

　　a. 観音様

　　b. お姫様自身

　　c. お姫様のお父様

　　d. お姫様のお母様

4 の選択肢

　　a. 過り過ぎる人々

　　b. 子供たち

　　c. お姫様の新しいお母様

　　d. お姫様の新しいお父様

○　では、更に次の問題を意識しながらもう一度聞きましょう。

　　1. お姫様はどんな人ですか。その特徴を3つ選んでください。

　　2. お姫様が死にたくなった理由を3つ選んでください。

メモ

1 の選択肢

　　a. (　　) 賢い。

　　b. (　　) 美しい。

　　c. (　　) 背が高い。

　　d. (　　) やさしい。

　　e. (　　) 琴が上手だ。

　　f. (　　) 歌が上手だ。

　　g. (　　) 料理が上手だ。

2 の選択肢

　　a. (　　) 重い病気にかかったから

　　b. (　　) 追い出されたから

c. (　　　)お父様が可愛がってくれないから
d. (　　　)頭に被せられた鉢を人に見られたくないから
e. (　　　)他人に苛められたから
f. (　　　)母のことを懐かしく思ってならないから

○ もう一度聞いて、次の問題に答えましょう。
1. 次の(　　)に適当な言葉を書き込み、その意味を推測して中国語で書いてください。
2. お姫様の運命を予測して、その理由も話してください。

メモ

1の答え
a. お母様は自分に(　　　　　)があったときに、あとに残される姫のことが心配でなりません。
意味：＿＿＿＿＿＿＿＿
b. 安心したお母様は数日後、姫を残して(　　　　)。
意味：＿＿＿＿＿＿＿＿
c. そんな日が毎日続き、姫は(　　　　)疲れ果ててしまいました。
意味：＿＿＿＿＿＿＿＿

2の答え：＿＿＿＿＿＿＿＿＿＿＿＿＿＿＿＿＿＿＿＿＿＿＿＿＿＿＿＿＿＿
＿＿＿＿＿＿＿＿＿＿＿＿＿＿＿＿＿＿＿＿＿＿＿＿＿＿＿＿＿＿＿＿＿＿

その2

○ 次の問題を考えながら聞きましょう。
1. お姫様が水に沈めなかった理由は何ですか。
2. お姫様は誰に助けられましたか。

メモ

1 の選択肢

  a. 実は死にたくなかったから   b. お姫様は泳げるから

  c. 頭に鉢があったから   d. 家来に助けられたから

2 の選択肢

  a. 観音様   b. 若君

  c. 家来   d. お母様

○ では、更に次の問題を意識しながらもう一度聞きましょう。

  1. 若君は姫様に何をさせましたか。

  2. なぜお姫様は琴を弾きたくなったのですか。

  3. 若君は何に心を奪われましたか。

メモ

1 の選択肢

  a. 働かせました。   b. 琴を弾かせました。

  c. 身分を言わせました。   d. 鉢を外させました。

2 の選択肢

  a. 琴を偶然見つけたから   b. 若君に聞かせたいから

  c. お母様を思い出したから   d. 泣いていたから

3 の選択肢

  a. お姫様の美しさ   b. お姫様の身分

  c. お姫様の優しさ   d. お姫様の琴の音色

○ もう一度聞いて、次の問題に答えましょう。

  1. 内容と合っているものに○を、違っているものに×をつけてください。

  2. お姫様はどうしてずっと話さなかったのですか。自分の言葉でその理由をまとめてください。

メモ

第1課　童話（語り）

1の選択肢

a. (　　　) 川に鉢が流れているのを見つけたのは若君でした。
b. (　　　) 若君に助けられたお姫様は若君に深く感謝しました。
c. (　　　) お姫様は毎日泣いているばかりで、何もしたくありませんでした。
d. (　　　) 若君はお姫様の琴に感動し、琴を贈りました。

2の答え： _____
_____

その3

○　次の問題を考えながら聞きましょう。
　　1. 誰が誰にプロポーズしましたか。
　　2. 結局、誰が屋敷を出ましたか。

メモ

1の選択肢

a. お姫様が若君にプロポーズしました。
b. 若君がお姫様にプロポーズしました。
c. 若君のかわりに、両親がお姫様にプロポーズしました。

2の選択肢

a. お姫様　　　　　　　　　　b. 若君
c. お姫様と若君　　　　　　　d. 若君の両親

○　では、更に次の問題を意識しながらもう一度聞きましょう。
　　1. なぜ若君はお姫様と結婚したくなったのですか。
　　2. お姫様はどうして若君に話しかけるようになったのですか。

メモ

1の選択肢
　a. お姫様は身分が高いから
　b. お姫様が美しいから
　c. お姫様は琴が上手に弾けるから
　d. お姫様は頭に鉢を担いでいるから

2の選択肢
　a. お姫様は若君に心を動かされたから
　b. 若君に命令されたから
　c. 若君と結婚したくなったから
　d. 若君と別れたくなったから

○　もう一度聞いて、次の問題に答えましょう。
　　1. 若君の両親が結婚を認めなかった理由を書いてください。
　　2. お姫様はなぜ「どうか私のことをお忘れになってください。」と言ったのですか。
　　　お姫様の当時の気持ちを自分の言葉でまとめてください。

メモ

1の答え：＿＿＿＿＿＿＿＿＿＿＿＿＿＿＿＿＿＿＿＿＿＿＿＿＿＿＿＿＿＿＿
　　　　＿＿＿＿＿＿＿＿＿＿＿＿＿＿＿＿＿＿＿＿＿＿＿＿＿＿＿＿＿＿＿
2の答え：＿＿＿＿＿＿＿＿＿＿＿＿＿＿＿＿＿＿＿＿＿＿＿＿＿＿＿＿＿＿＿
　　　　＿＿＿＿＿＿＿＿＿＿＿＿＿＿＿＿＿＿＿＿＿＿＿＿＿＿＿＿＿＿＿

その4

○　次の問題を考えながら聞きましょう。
　　1. お姫様の頭に被せられた鉢はどうなりましたか。
　　2. 2人は結局、どんな生活をしていますか。

メモ

1の選択肢
　　a. 突然なくなりました。　　　　　　b. 宝石になりました。
　　c. 真っ二つに割れました。　　　　　d. バラバラに割れました。
2の選択肢
　　a. 苦しい生活をしています。　　　　b. 悲しい生活をしています。
　　c. 面白い生活をしています。　　　　d. 楽しい生活をしています。

○　では、更に次の問題を意識しながらもう一度聞きましょう。
　　1. 若君はどうしてお姫様を連れて屋敷に戻ったのですか。
　　2. 若君の両親はどうして態度が変わったのですか。

メモ

1の選択肢
　　a. 観音様が現れたから　　　　　　　b. 鉢が真っ二つになったから
　　c. もらった宝石を両親にあげたいから　d. お姫様との結婚を許してもらいたいから
2の選択肢
　　a. 観音様に命じられたから　　　　　b. 宝石をたくさんもらったから
　　c. お姫様の身分が分かったから　　　d. お姫様の顔が分かったから

○　もう一度聞いて、次の問題に答えましょう。
　　1. 内容と合っているものに○を、違っているものに×をつけてください。
　　2. 次の(　　)に適当な言葉を書き込み、その意味を推測して中国語で書いてください。

メモ

1の選択肢
　　a. (　　)お姫様は今まで鉢を取ろうとしたことがなかったのです。
　　b. (　　)2人は観音様に拝んだのは鉢を取ろうとしたからです。

c. (　　)鉢が割れたまで、お姫様は自分の出身などを若君に言ったことがないのです。
d. (　　)このお姫様のことをそれから鉢担ぎ姫と言われるようになりました。

2の答え：
a. 歩き始めてからしばらくすると、観音様を(　　　　)お堂が見えてきました。
　　意味：＿＿＿＿＿＿＿＿
b. そして、2人はこれから幸せになれるように、観音様に(　　　　)拝みました。
　　意味：＿＿＿＿＿＿＿＿
c. あまりの美しさに、若君が(　　　　)しまって、言葉も出ないほどです。
　　意味：＿＿＿＿＿＿＿＿

課外でチャレンジしましょう

山形県佐兵の頓知話

ウォーミングアップ

スタイル：語り

登場人物：佐兵　　砂糖屋さん　　若い衆

提示単語：

佐兵(さひょう)　若い衆(わかしゅう)　酒盛り(さかもり)　持ち寄る(もちよる)　やまやま　樽(たる)　見守る(みまもる)
べろべろ　　ひとしきり　　あっけに取(と)られる

○ 次の問題を考えながら聞きましょう。

1. 若い衆たちはどうして佐兵を仲間に入れてやりたくなかったのですか。
2. 若い衆たちはどうして佐兵に戸を開けるようになったのですか。
3. 佐兵は砂糖屋さんとどんな約束をしましたか。佐兵はその約束を守りましたか。
4. 佐兵はどんな人だと思いますか。

第2課　伝統行事(解説)

内容1　日本の伝統行事「七夕」

ウォーミングアップ

スタイル：解説

登場人物：織姫　　牽牛　　織姫のお父さん

提示単語：
伝説(でんせつ)　天の川(あまのがわ)　織姫(おりひめ)　牽牛(けんぎゅう)　笹(ささ)　短冊(たんざく)　お願い事(ねがいごと)　風習(ふうしゅう)

その1

○　次の問題を考えながら聞きましょう。

　　1. この物語には何人の人物が登場していますか。

2. この伝説はいつ日本に伝わったのですか。

3. 織姫の星と牽牛の星の別称はそれぞれ何ですか。

メモ

1の選択肢
 a. 2人　　　　　　　　　　　　　　b. 3人
 c. 4人　　　　　　　　　　　　　　d. 5人

2の選択肢
 a. 5世紀　　　　b. 6世紀　　　　c. 7世紀　　　　d. 8世紀

3の選択肢
 a. ベガ/アルタイル　　b. ベカ/アルダイル　　c. ベカ/アルタイル

○ では、更に次の問題を意識しながらもう一度聞きましょう。

1. 七夕の日の行事は何の儀式として始まったのですか。

2. どこで何を眺めながら、詩歌を詠んでいたのですか。

3. 織姫の住んでいたところはどこですか。

メモ

1の選択肢
 a. 宮中　　　　　　　b. 民間　　　　　　　c. 伝統

2の選択肢
 a. 御殿の庭・月　　　b. 御殿の庭・星　　　c. 宮中の中庭・空

3の選択肢
 a. 天の原の西　　　　b. 山のふもと　　　　c. 天の川の畔

○ もう一度聞いて、次の問題に答えましょう。

1. 織姫は毎日何に精を出していましたか。

2. 誰が織姫と牽牛を結婚させましたか。

3. 織姫のお父さんはなぜ2人を引き離したのですか。

メモ

1の選択肢
　a. 家事　　　　　　　　b. 機織　　　　　　　　c. 化粧
2の選択肢
　a. 織姫のお父さん　　　b. 織姫のお母さん　　　c. お姉さん
3の選択肢
　a. 2人の生活が苦しすぎたから
　b. 2人がよく喧嘩していたから
　c. 2人が一切働かなくなってしまったから

その2

○ 次の問題を考えながら聞きましょう。

1. 「夏のクリスマスツリー」と言われるのはどれですか。
2. 織姫と牽牛の2つの星に祈ると、その願い事が何年の間に必ず叶いますか。
3. 七夕祭りが特に有名な仙台では、毎年何月に開催されますか。

> メモ

1の選択肢
 a. カラフルな短冊がたくさん飾られている竹
 b. カラフルな短冊がたくさん飾られている笹
 c. カラフルな短冊がたくさん飾られている木

2の選択肢
 a. 1年 b. 2年 c. 3年

3の選択肢
 a. 6月 b. 7月 c. 8月

○ では、更に次の問題を意識しながらもう一度聞きましょう。
   1. 仙台の街には笹がどのぐらい飾られますか。
   2. 七夕祭りを見るために、毎年、仙台の街を訪れる人はどのぐらいですか。
   3. 今年はいつ開催されますか。

> メモ

1の選択肢
 a. 3 000本 b. 4 000本 c. 5 000本 d. 6 000本

2の選択肢
 a. 40万人 b. 50万人 c. 60万人 d. 70万人

3の選択肢
 a. 7月6日、7日、8日
 b. 8月5日、6日、7日
 c. 8月6日、7日、8日

○ もう一度聞いて、次の問題に答えましょう。
   1. 内容と合っているものに○を、違っているものに×をつけてください。
   2. 今年の七夕、夏の夜空を見上げ、あなたは何を願いますか。

第 2 課　伝統行事（解説）

メモ

1 の選択肢
- a. (　　) 日本の七夕は、古くから伝わる日本独自の文化です。
- b. (　　) 日本の七夕には特別の風習がありません。
- c. (　　) 現在では短冊や吹流しなど華やかな飾りをつけます。
- d. (　　) 5色の糸は初めに短冊に飾って、「願いの糸」と呼ばれていましたす。
- e. (　　) 毎年8月にパレードや花火などが盛大に行われます。

2 の答え：_____
　　　　　_____

内容2　幸福を招く置物「招き猫」

ウォーミングアップ

スタイル：解説

登場人物：江州彦根の殿様　　和尚　　猫

提示単語：

　<ruby>置物<rt>おきもの</rt></ruby>　<ruby>縁起物<rt>えんぎもの</rt></ruby>　<ruby>豪徳寺<rt>ごうとくじ</rt></ruby>　<ruby>鷹狩り<rt>たかがり</rt></ruby>　<ruby>江州彦根<rt>こうしゅうひこね</rt></ruby>　<ruby>殿様<rt>とのさま</rt></ruby>　<ruby>井伊掃部頭直孝<rt>いいかもんのかみなおたか</rt></ruby>

　しきりに　<ruby>手招き<rt>てまねき</rt></ruby>　<ruby>菩提所<rt>ぼだいしょ</rt></ruby>　<ruby>吉運<rt>まちうん</rt></ruby>　<ruby>商売繁盛<rt>しょうばいはんじょう</rt></ruby>　<ruby>厄除け<rt>やくよ</rt></ruby>　<ruby>無病息災<rt>むびょうそくさい</rt></ruby>

　<ruby>恋愛成就<rt>れんあいじょうじゅ</rt></ruby>　<ruby>絵画仕様<rt>かいがしよう</rt></ruby>　インテリア

19

その1

○ 次の問題を考えながら聞きましょう。

1. この伝説には登場人物が何人いますか。
2. この物語はいつごろのものですか。
3. 豪徳寺はどこにありますか。

メモ

1の選択肢
a. 2人　　　　　　　　b. 3人　　　　　　　　c. 4人

2の選択肢
a. 1560年ごろ　　　　b. 1660年ごろ　　　　c. 1760年ごろ

3の選択肢
a. 東京　　　　　　　b. 京都　　　　　　　c. 奈良

○ では、更に次の問題を意識しながらもう一度聞きましょう。

1. 招き猫は何の縁起物ですか。
2. 当時の豪徳寺はどんな寺でしたか。
3. 殿様は何から帰ってきましたか。

メモ

1の選択肢
a. 恋愛成就　　　　　b. 書道上達　　　　　c. 商売繁盛

2の選択肢
a. たいへん貧しい寺　b. たいへん豊かな寺　c. たいへん栄えた寺

3の選択肢
a. 鷹狩り　　　　　　b. 紅葉狩り　　　　　c. 花見

○ もう一度聞いて、次の問題に答えましょう。
1. 殿様はどうしてその寺に入ったのですか。
2. 殿様はどうして豪徳寺に寄付したのですか。
3. 招き猫を置くと、何がやってきますか。

メモ

1の選択肢
a. 疲れて休みたかったから
b. 猫に手招きをされたから
c. 喉が渇き、水をもらいたかったから

2の選択肢
a. 猫が災害を知らせたから
b. 自分の先祖を祭っているから
c. 先祖が建てたお寺だから

3の選択肢
a. お金　　　　　　b. 福　　　　　　c. 吉運

その2

○ 次の問題を考えながら聞きましょう。
1. 右手を挙げている招き猫は何を招き入れますか。
2. 左手を挙げている招き猫は何を招き入れますか。
3. 両手を挙げている招き猫は何を招き入れますか。

メモ

1の選択肢
a. お金　　　　　　b. 人　　　　　　c. 吉運

2の選択肢
a. お金　　　　　　b. 人　　　　　　c. 幸せ

3の選択肢

a. 人と幸せ　　　　　　b. お金と幸せ　　　　　c. お金と人

○ では、更に次の問題を意識しながらもう一度聞きましょう。

1. 招いている手が耳より低い招き猫は、どんな意味を表しますか。
2. 招いている手が耳より高い招き猫は、どんな意味を表しますか。

メモ

1の選択肢

a. 身近な福を運んでくれるという意味
b. 遠くの福を運んでくれるという意味
c. 身近な福と遠くの福を運んでくれるという意味

2の選択肢

a. 身近な福を運んでくれるという意味
b. より遠くの福を運んでくれるという意味
c. 身近な福とより遠くの福を運んでくれるという意味

○ もう一度聞いて、次の問題に答えましょう。

1. 招き猫は色によって効果がどうなりますか。内容に合っている色と効果を線で結んでください。
2. 内容と合っているものに○を、違っているものに×をつけてください。

メモ

1の選択肢

色		効果
白色		無病息災
黒色		福を招く
赤色		恋愛成就
ピンク		厄除け

2の選択肢

a. (　　) 現在、日本では様々な種類の「招き猫」が売られています。
b. (　　) 「招き猫」の招いている手の位置に意味はありません。
c. (　　) 招き猫の色によって効果が違ってきます。
d. (　　) ガラスでできた招き猫や、絵画仕様になった招き猫がまもなく登場します。
e. (　　) 「招き猫」は時代と共に変化を遂げてきました。

内容3　日本の国技「相撲」

ウォーミングアップ

スタイル：解説

提示単語：

国技　色濃い　しきたり　いにしえ　格式　力比べ　格闘技　ルーツ　有力視
神事　五穀豊穣　占い　受け継ぐ　武芸　嗜む　相撲興行　花形力士　剣術
弓術　一線を画する　取り組み　土俵　まわし　勝負　挑む　テーピング
手当て　髪型　髷　結う　鬢付け油　大銀杏　脈々と　序ノ口　序二段
三段目　幕下　十両　幕内　関取　特権　土俵入り　化粧回し　金糸　銀糸
刺繍　前垂れ　ライティング　前頭　小結　関脇　大関　横綱　格付け　兼ね
備える　行司　耳なじみ　格下　報奨金　スポンサー　旗状　垂れ幕　気合い
艶やか　混ざり合う　チャンコ　親方　弟子入り　まんべんなく　具材　水炊き
ベース　キムチ　豆乳　だし　バリエーション　団欒　根付く

その1

○ 次の問題を考えながら聞きましょう。
1. 「相撲」という言葉の語源はどれですか。
2. いつごろから宗教文化の色が増すょうになりましたか。
3. 武士が嗜む「武芸」として相撲が嗜まれるようになったのはいつですか。
4. 相撲が「芸能」として扱われるようになったのはいつですか。

メモ

1 の選択肢
　a. 争う　　　　　　　b. 戦う

2 の選択肢
　a. 5世紀　　　　　b. 6世紀　　　　　c. 7世紀　　　　　d. 8世紀

3 の選択肢
　a. 10世紀　　　　b. 11世紀　　　　c. 12世紀　　　　d. 13世紀

4 の選択肢
　a. 15世紀　　　　b. 16世紀　　　　c. 17世紀　　　　d. 18世紀

○ では、更に次の問題を意識しながらもう一度聞きましょう。
1. どんなところが相撲の大きな魅力の1つですか。

2. 昔は「相撲」といえばどういう認識でしたか。

3. 各地の神社などで相撲大会が行われたのは何のためですか。

4. 「相撲文化」が誕生したのはいつですか。

メモ

1 の選択肢
 a. 勝負に挑むところ b. 格式を重んじる心があるところ
 c. 大きな体を示すところ

2 の選択肢
 a. 神話 b. 力士 c. 格闘技

3 の選択肢
 a. 健康と長寿を願うため b. 五穀豊穣を占うため
 c. 心身の鍛錬のため

4 の選択肢
 a. 16 世紀 b. 17 世紀 c. 18 世紀 d. 19 世紀

○ もう一度聞いて、次の問題に答えましょう。

　内容と合っているものに○を、違っているものに×をつけてください。

メモ

選択肢

a. (　　) 相撲は、日本の「国技」として人々に親しまれています。

b. (　　) 相撲の歴史は様々な地域文化と密接な関係がありました。

c. (　　) 相撲の起源は大変古いですが、神話の中には登場していません。

d. (　　) 8 世紀以前の相撲はただ単に「力と力のぶつかり合い」でした。

e. (　　) 18 世紀には相撲は刀などと共に武術の 1 つとして考えられていたようです。

f. (　　) 真剣勝負だけではなく「芸能」としての相撲文化、そして職業・スポーツとしての「力士」の文化は、12 世紀に形成されたといわれています。

その2

○ 次の問題を考えながら聞きましょう。
  1. 相撲の試合は何と言いますか。
  2. 土俵はどんな形ですか。
  3. 力士の下半身に長細い布でしめたものは何と言いますか。
  4. 力士の代表的な髪型は何の形に似ですか。
  5. 力士の中にはいくつのクラスがありますか。

メモ

1の選択肢
  a. 取り立て   b. 取り組み   c. 取り込み   d. 取り入れ
2の選択肢
  a. 長方形   b. 正方形   c. 円形
3の選択肢
  a. まわり   b. まわし   c. バンド   d. ベルト
4の選択肢
  a. 桜の花   b. 銀杏の葉っぱ
  c. 柿の葉っぱ   d. 梅の葉っぱ
5の選択肢
  a. 4つ   b. 5つ   c. 6つ   d. 7つ

○ では、更に次の問題を意識しながらもう一度聞きましょう。
  1. 力士にとっての夢は何ですか。
  2. 力士の髪の毛は何で固めますか。
  3. 力士の中で一番下のクラスは何と言いますか。

メモ

第2課 伝統行事（解説）

1の選択肢
 a. 髷を結うこと b. 化粧回しをすること c. 土俵入りをすること

2の選択肢
 a. ピン   b. 髪留め   c. 鬢付け油   d. 帯

3の選択肢
 a. 幕下   b. 三段目   c. 序二段   d. 序ノ口

○ もう一度聞いて、次の問題に答えましょう。

 1. 十両から上の力士は何と呼ばれますか。

 2.（絵）力士の腰につけるものは何と言いますか。

 3. 力士の最大の目標は何ですか。

メモ

1の選択肢
 a. 相撲取り b. 関入り c. 土俵入り d. 関取

2の選択肢
 a. 刺繍   b. 前垂れ c. ライティング d. 幕

3の選択肢
 a. 大関になること   b. 横綱になること
 c.「まわし」を締めること d.「大銀杏」が結えること

その3

○ 次の問題を考えながら聞きましょう。
1. 審判は何と言いますか。
2. 次の_____のところに適当な言葉を入れてください。
3. （絵）土俵に立っている人が手に持っている物は何ですか。

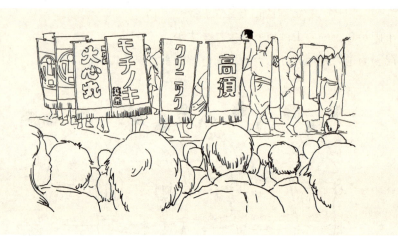

メモ

1の選択肢
　a. 上司　　　　　b. 行司　　　　　c. 司会

2の答え
「_____」や「のこった、のこった」といった言葉にも耳なじみがあります。

3の選択肢
　a. 前垂れ　　　　b. 旗　　　　　　c. 垂れ幕

○ では、更に次の問題を意識しながらもう一度聞きましょう。
1. （絵）この力士は何をしていますか。

第 2 課　伝統行事（解説）

2. 注目力士同士の取り組みにかかる報奨金は何と言いますか。

3. 次の_____のところに適当な言葉を入れてください。

メモ

1の答え：_____

2の選択肢

a. 懸賞金

b. 奨賞金

c. 奨賞

d. 懸賞

3の答え： 行司の_____と共に、取り組みが始まるのです。

○ もう一度聞いて、次の問題に答えましょう。

1. 基本的にどのクラスから取り組みが始まりますか。

2. 取り組みで注目されることは何ですか。

3. 次の_____のところに適当な言葉を入れてください。

メモ

1 の選択肢
  a. 幕内
  b. 格下

2 の選択肢
  a. 懸賞が多いこと
  b. 垂れ幕の艶やかなこと
  c. 土俵の周りを一周すること

3 の答え：「相撲」は「＿＿＿＿」と「芸能」の文化が混ざり合ったものです。

その 4

○ 次の問題を考えながら聞きましょう。
  1. ちゃんこ鍋の味は基本的には何種類がベースになっていますか。
  2. 次の＿＿＿のところに適当な言葉を入れてください。

メモ

1 の選択肢
  a. 2 種類　　　b. 3 種類　　　c. 4 種類　　　d. 5 種類

2 の答え：キムチ・にんにく・豆乳だしにカレー味と、＿＿＿＿もたくさんあるんですよ。

第2課　伝統行事（解説）

○　では、更に次の問題を意識しながらもう一度聞きましょう。

1. 「チャンコ」という言葉の意味は何ですか。
2. 大相撲の力士の義務は何ですか。
3. 何によって味や具材は様々だと言っていますか。

メモ

1の選択肢

a. 親方の鍋　　　b. 弟子の鍋　　　c. 両親の鍋　　　d. 親子の鍋

2の選択肢

a. 野菜や肉をまんべんなく、たくさん食べること
b. 「チャンコ鍋」という料理をたくさん食べること
c. 相撲部屋の「親方」に弟子入りすること

3の選択肢

a. 部屋　　　　　　　　　　b. 力士のクラス
c. 親方　　　　　　　　　　d. 個人の好み

○　もう一度聞いて、次の問題に答えましょう。

1. 内容と合っているものに○を、違っているものに×をつけてください。
2. チャンコ鍋について話してみてください。

メモ

1の選択肢

a. (　　) 「チャンコ」は、力士が食べるものすべてを指す言葉ではありません。
b. (　　) 「チャンコ」という言葉の由来は「チャン」と「子」です。
c. (　　) チャンコ鍋は基本的には味噌・醤油・水炊きです。
d. (　　) チャンコ鍋は、見た目はきれいですが、味はあまりよくありません。
e. (　　) 「チャンコ鍋」はまだ一般に浸透していない料理です。
f. (　　) 相撲は日本の食文化にも貢献しているものとされています。

2の答え：_____
_____

課外でチャレンジしましょう

占い師の相談部屋

ウォーミングアップ

スタイル:紹介

提示単語:

連動　占い師　ブログ　コメント欄　対面鑑定　ライブドア
マニアック　深夜型　金運　ハンドルネーム　運気　焼夷　リスナー
星座　ハーブティー　西洋占星術　アドバイス　運勢　愚痴

その1

○ 次の問題を考えながら聞きましょう。

1. これはどんな番組ですか。
2. 相談したい場合、キキョウのブログのコメント欄に何を書けばいいですか。
3. 今日から東京で朝11時から夜9時まで電話での予約を受け付けますが、その電話番号は何番ですか。
4. 占い師は山形のラジオ局で何を担当していますか。
5. 金運アップの方法として、どんなことが勧められていますか。

その2

○ 次の問題を考えながら聞きましょう。

1. この占い師は約何年前から人を占うようになりましたか。

2. 占い師はフォーチュン・ヒーリング・バランガンという店で、毎週何曜日に対面鑑定を行っていますか。
3. チャット鑑定はどこでやっていますか。
4. この占い師は毎週1名を無料で占いますが、どういう方法で占いますか。
5. 12の星座の読み方を言ってみてください。

第3課　風習の数々(解説)

内容1　自然を楽しむ風習「花見」

ウォーミングアップ

スタイル：解説

登場人物：秀吉　家康　秀忠　家光　山の神様

提示単語：

陽気（ようき）	リフレッシュ	ドンチャン騒ぎ（さわぎ）	群集（ぐんしゅう）	併せ持つ（あわせもつ）	安土桃山（あづちももやま）
秀吉（ひでよし）	豪華絢爛（ごうかけんらん）	宴（うたげ）	文禄（ぶんろく）	吉野山（よしのやま）	醍醐寺（だいごじ）	三宝院（さんぽういん）	殊の外（ことのほか）
観桜（かんおう）	近江（おうみ）	山城（やましろ）	河内（かわち）	大和（やまと）	取り寄せる（とりよせる）	家康（いえやす）	秀忠（ひでただ）	家光（いえみつ）
植栽（しょくさい）	参勤交代（さんきんこうたい）	桜狩り（さくらがり）	公家（くげ）	武家（ぶけ）	祈願（きがん）	くさぐさ	供え物（そなえもの）
神前（しんぜん）	供える（そなえる）	下げ渡す（さげわたす）	原意（げんい）	逆転（ぎゃくてん）	依り鎮まる（よりしずまる）

その1

○　次の問題を考えながら聞きましょう。

1. 花見の何について話していますか。
2. 秀吉が京から吉野に行くまで何日かかりましたか。
3. 秀吉が特に好きな景観はどこですか。

メモ

第3課　風習の数々(解説)

1 の選択肢
 a. 花見の名勝　　　　b. 花見の歴史　　　　c. 花見の見聞

2 の選択肢
 a. 2日　　　　b. 3日　　　　c. 4日　　　　d. 5日

3 の選択肢
 a. 醍醐寺の三宝院　　　　b. 吉野山

○　では、更に次の問題を意識しながらもう一度聞きましょう。
 1. 秀吉は桜を何本移植しましたか。
 2. 庶民はいつから花見に熱狂するようになったのですか。
 3. 吉野山はどこにありますか。

メモ

1 の選択肢
 a. 500本　　　　b. 600本　　　　c. 700本　　　　d. 800本

2 の選択肢
 a. 平安時代　　　　b. 明治時代
 c. 江戸時代　　　　d. 昭和時代

3 の選択肢
 a. 東京　　　　b. 大阪　　　　c. 京都　　　　d. 奈良

○　もう一度聞いて、次の問題に答えましょう。
 1. 春になると、秀吉はどこで観桜の宴を開きましたか。
 2. 江戸時代まで花見は何の文化でしたか。
 3. 江戸の桜は殆どどこから移植されましたか。
 4. 山野の花見は何と称されていますか。
 5. ＿＿＿＿＿のところに適当なものを書き入れてください。

メモ

1 の選択肢
 a. 吉野山　　　　　b. 醍醐寺　　　　　c. 近江　　　　　d. 山城

2 の選択肢
 a. 庶民社会の文化　　b. 中流社会の文化　　c. 上流社会の文化

3 の選択肢
 a. 醍醐寺の三宝院　　b. 奈良県の吉野山　　c. 京都の嵐山

4 の選択肢
 a. 桜見　　　　　b. 花狩り　　　　　c. 桜賞　　　　　d. 桜狩り

5 の答え
 a. 江戸時代の花好きの将軍として、＿＿＿＿、＿＿＿＿、＿＿＿＿が挙げられます。
 b. ＿＿＿＿で江戸は品種交流の場ともなり数々の名所もできました。
 c. 時代が経るにつれ、花見は＿＿＿＿から武家、近世には＿＿＿＿のものとなり、今日に至っています。

その 2

○ 次の問題を考えながら聞きましょう。
 1. 山の神様へのお供え物として、一番欠かせない重要なものは何ですか。
 2. サカナの意味は何ですか。
 3. 神様へのお供え物は何と言いますか。
 4. クラとはどんな意味ですか。

メモ

1 の選択肢
 a. 花　　　　　b. 魚　　　　　c. ご馳走　　　　　d. お酒

2 の選択肢
 a. サ神様からいただくもの　　　　b. サ神様にお供えするもの

3 の選択肢
 a. 差し上げるもの　　　b. 下げ渡すもの　　　c. 捧げもの

4 の選択肢
　a. 神霊が依り鎮まる座という意味
　b. 神前に捧げるものという意味
　c. サ神様が下げ渡すものという意味

○　では、更に次の問題を意識しながらもう一度聞きましょう。
　1. サ神様は何の神様ですか。
　2. 神様は何を受け取りますか。
　3. 現在では日本各地で何が開催されていますか。

メモ

1 の選択肢
　a. 海の神様　　　　　　b. 山の神様　　　　　　c. 川の神様
2 の選択肢
　a. サカナ　　　　b. お酒　　　　c. お供え物　　　　d. 気持ち
3 の選択肢
　a. 祈願ツアー　　　　　　　　　b. 名所見物ツアー
　c. 花見ツアー　　　　　　　　　d. 飲食ツアー

○　もう一度聞いて、次の問題に答えましょう。
　1. 内容と合っているものに○を、違っているものに×をつけてください。
　2. 皆さんも中国で花見の体験があるでしょうか。もしあれば話してみてください。

メモ

1 の選択肢
　a.（　　）古代日本人はサ神様にいろいろ祈願しました。
　b.（　　）ササゲモノの原意はサ神が下げ渡すということです。
　c.（　　）現在、ササゲルという動詞は、上から下に向かって下げる感じがします。

d. (　　) 人間たちが神にお供え物を上げると、神は、それを受け取ってしまいます。
e. (　　) 今年の桜は3月下旬から4月上旬に開花すると予測されています。

2の答え：_____
_____

内容2　日本のバレンタイン・デー

ウォーミングアップ

スタイル：解説

登場人物：セント・バレンタイン　　友達　　上司　　女子学生　　男の子

提示単語：

セント・バレンタイン	聖者（せいじゃ）	寄り添う（よそう）	悼む（いたむ）	英字（えいじ）	コンセプト
聞きつける（き）	製菓（せいか）	商戦（しょうせん）	参入（さんにゅう）	芽生える（めばえる）	告白（こくはく）	購買意欲（こうばいいよく）
火がつく（ひ）	義理チョコ（ぎり）	本命チョコ（ほんめい）	意中（いちゅう）	気が気でならない（き　き）
販売量（はんばいりょう）

その1

○ 次の問題を考えながら聞きましょう。

1. セント・バレンタインが亡くなったのはいつですか。
2. 日本の風習では誰から誰へチョコレートを贈りますか。
3. チョコレートは、いつ日本のバレンタイン・デーに登場しましたか。

メモ

1の選択肢
　a. 1月14日　　　b. 2月14日　　　c. 3月14日

2の選択肢
　a. 女性から男性へ贈ります。

b. 男性から女性へ贈ります。
c. お互いに贈ります。

3 の選択肢

a. 1934 年   b. 1935 年   c. 1936 年   d. 1937 年

○ では、更に次の問題を意識しながらもう一度聞きましょう。
1. 欧米では男女が贈り物をするほかに何を送りますか。
2. 日本でバレンタイン・チョコレートの文化が定着した背景は何ですか。

メモ

1 の選択肢

a. グリーティング・カード   b. クリスマス・カード
c. チョコレート

2 の選択肢

a. 日本の男性が弱くなったこと   b. 日本の男性が強くなったこと
c. 日本の女性が弱くなったこと   d. 日本の女性が強くなったこと

○ もう一度聞いて、次の問題に答えましょう。
1. 東京の百貨店でキャンペーンを行った時、チョコレートはいくつ売れましたか。
2. 日本の女性が社会に大きく進出し始めた時代はいつですか。
3. 1960年代・1970年代は、日本女性にとって、どういう気持ちが芽生え始めた時期ですか。

メモ

1 の選択肢

a. 3つ   b. 4つ   c. 5つ   d. 6つ

2 の選択肢

a. 1950年代、1960年代

b. 1960年代、1970年代

c. 1970年代、1980年代

3の選択肢

a. 日本の女性が強くなったという気持ち

b. 日本の男性が弱くなったという気持ち

c. 「愛の告白」も当然だという気持ち

d. 「愛の告白」がまだできないという気持ち

その2

○ 次の問題を考えながら聞きましょう。

1. バレンタイン・デーの文化が完全に定着したのはいつでしたか。
2. バレンタイン・デーの時期のチョコレートの販売量は、日本国内の年間販売量のどのぐらいを占めていますか。

メモ

1の選択肢

| a. 1950年代 | b. 1960年代 | c. 1970年代 | d. 1980年代 |

2の選択肢

| a. 50％ | b. 60％ | c. 70％ | d. 80％ |

○ では、更に次の問題を意識しながらもう一度聞きましょう。

1. 「義理チョコ」は何を指していますか。
2. 「本命チョコ」は何を指していますか。
3. どうしてチョコレートを禁止する学校が増えてきていますか。

メモ

1の選択肢
　a. 好きな人に贈るチョコレート
　b. 友達や上司に配るチョコレート
　c. 家族の間で贈ったりもらったりするチョコレート

2の選択肢
　a. 母親や娘から受け取るチョコレート
　b. 友達や上司に配るチョコレート
　c. 好きな人に贈るチョコレート

3の選択肢
　a. 悩みすぎる生徒が増えているから
　b. 母親たちが気が気でならないから
　c. 男の子はチョコレートを待ちかねているから

○　もう一度聞いて、次の問題に答えましょう。
　1. 内容と合っているものに○を、違っているものに×をつけてください。
　2. みなさん、日本のバレンタイン・デーについてどう思いますか。

メモ

1の選択肢
　a.（　　）バレンタイン・デーは女性の購買意欲を促しました。
　b.（　　）バレンタイン・デーは歴史の浅い文化だとは言えません。
　c.（　　）家族の間にも「義理チョコ」は存在します。
　d.（　　）母親や娘から「本命チョコ」を受け取る男性もたくさんいます。
　e.（　　）バレンタイン・デーは大人だけの文化です。
2の答え：_____
　　　　　_____

内容3　芸者と舞妓

ウォーミングアップ

スタイル:解説

登場人物:芸者　舞妓　参拝客　花見客

提示単語:

芸者（げいしゃ）　舞妓（まいこ）　祇園（ぎおん）　参拝客（さんぱいきゃく）　茶店（ちゃみせ）　水茶屋（みずぢゃや）　三味線（しゃみせん）　舞（まい）　熾烈（しれつ）
活況（かっきょう）　交遊（こうゆう）　轟く（とどろく）　割り込む（わりこむ）　受け継ぐ（うけつぐ）　店だし（みせだし）　デビュー
京（きょう）ことば　ちなみに　変身（へんしん）

その1

○　次の問題を考えながら聞きましょう。

1. 芸者や舞妓と呼ばれる女性はいつごろ登場し始めましたか。
2. その始まりはどこですか。
3. 当時の祇園には、約何軒のお茶屋がありましたか。

メモ

1の選択肢

a. 100年前　　b. 200年前　　c. 300年前　　d. 400年前

2の選択肢

a. 東京の祇園　　b. 京都の祇園　　c. 奈良の祇園

3の選択肢

a. 400軒　　b. 500軒　　c. 600軒　　d. 700軒

○　では、更に次の問題を意識しながらもう一度聞きましょう。

1. 茶店や水茶屋は何としてできたのですか。

2. 始めは、芸者や舞妓は茶店や水茶屋で何をしていましたか。

3. その後、茶店や水茶屋で働く女性は何をするようになりましたか。

メモ

1 の選択肢
 a. お寺や神社として
 b. 参拝の場所として
 c. 花見の場所として
 d. お寺や神社の参拝客、花見客の休憩所として

2 の選択肢
 a. お茶や団子を出す仕事
 b. お酒を出す仕事
 c. 料理を出す仕事

3 の選択肢
 a. 歌を歌うようになりました。
 b. お酒を飲むようになりました。
 c. 三味線を弾いたり、舞を踊るようになりました。

○ もう一度聞いて、次の問題に答えましょう。
 1. 始めは店で働いていた女性は今でいうと、何にあたりますか。
 2. 当時の祇園には芸者と舞妓が何人いましたか。
 3. その活況はいつ頃まで続きましたか。

メモ

1 の選択肢
 a. 少女   b. お手伝いさん   c. 舞妓   d. 芸者

2 の選択肢
 a. 1 000 人   b. 2 000 人   c. 3 000 人   d. 4 000 人

3 の選択肢

 a. 1910 年　　　　b. 1920 年　　　　c. 1930 年　　　　d. 1940 年

その2

○ 次の問題を考えながら聞きましょう。
 1. 今、茶屋は何軒ありますか。　　2. 芸者と舞妓の数はどう変化していますか。
 3. 舞妓デビューはいつからですか。　　4. 芸者には年齢制限がありますか。

メモ

1 の選択肢
 a. 100 軒未満　　　　　　　　　b. 100 軒あまり
 c. 200 軒　　　　　　　　　　　d. 300 軒

2 の選択肢
 a. 増えてきました。　　　　　　b. 減ってきました。
 c. 昔の数と同じぐらいです。

3 の選択肢
 a. 大学を卒業してから　　　　　b. 高校を卒業してから
 c. 中学校を卒業してから

4 の選択肢
 a. はい、あります。　　　　　　b. いいえ、ありません。

○ では、更に次の問題を意識しながらもう一度聞きましょう。
 1. 芸者になる年齢は何歳くらいですか。
 2. 舞妓姿の写真を撮ってもらうにはいくらぐらいかかりますか。
 3. 次の京言葉に当たる意味を線で結んでください。

メモ

第3課　風習の数々（解説）

1の選択肢
- a. 15歳くらい
- b. 18歳くらい
- c. 20歳くらい

2の選択肢
- a. 5 000円くらい
- b. 10 000円くらい
- c. 15 000円くらい
- d. 20 000円くらい

3. 次の京言葉に当たる意味を線で結んでください。

京　言　葉	意　味
おたのもうします	すみません
おおきに	どうぞお願いします
すんまへん	ありがとう

○　もう一度聞いて、次の問題に答えましょう。
1. 内容と合っているものに○を、違っているものに×をつけてください。
2. 芸者について聞いたことを話してみてください。

メモ

1の選択肢
- a. (　　) 現在、祇園は、政界や経済界の、著名人の交遊の場としてその名を轟かせています。
- b. (　　) 現在、茶屋の数は年々増えて、芸者と舞妓もたいへん多くなってきました。
- c. (　　) 最近は舞妓志望者が増え、積み重ねられた伝統が、しっかりと受け継がれています。
- d. (　　) 芸者になるまでに京ことばや舞、三味線などを勉強しなければなりません。
- e. (　　) 労働基準法と児童福祉法により、舞妓になることができるのは18歳以上とされています。
- f. (　　) 舞妓の格好をして写真を撮ってくれる店が数多くあります。

2の答え：＿＿＿＿＿＿＿＿＿＿＿＿＿＿＿＿＿＿＿＿＿＿＿＿＿＿＿＿＿＿＿＿＿＿＿
＿＿＿＿＿＿＿＿＿＿＿＿＿＿＿＿＿＿＿＿＿＿＿＿＿＿＿＿＿＿＿＿＿＿＿＿＿＿＿

課外でチャレンジしましょう

お酒の話

ウォーミングアップ

スタイル：インタビュー

提示単語：

取締役(とりしまりやく)	ビクトリア	二日酔い(ふつかよい)	純米吟醸酒(じゅんまいぎんじょうしゅ)	純米酒(じゅんまいしゅ)	粕(かす)	紀州(きしゅう)
空襲(くうしゅう)	灘(なだ)・伏見(ふしみ)	蔵(くら)	明治天皇(めいじてんのう)	昭憲皇太后(しょうけんこうたいごう)	桓武天皇(かんむてんのう)	麹(こうじ)
発酵食品(はっこうしょくひん)	席捲(せっけん)	鎮守(ちんじゅ)	築地(つきじ)	居酒屋(いざかや)		

○ 次の問題を考えながら聞きましょう。

1. インタビューされているのは誰ですか。
2. 玉の光酒造株式会社はいつ創業しましたか。
3. どうして京都の伏見に蔵を構えたのですか。
4. どうして京都は日本酒の本当の意味での故郷と言われるのですか。
5. 北米の人々は日本の料理やお酒に対して、どんな態度を示していますか。
6. 日本以外で、日本で朝取れたものが夜楽しめるのは、どこですか。

第4課　　　生活安全情報(解説)

内容1　ひったくり被害にあわないために

ウォーミングアップ

スタイル：解説

提示単語：

身近(みぢか)　多発(たはつ)　未然(みぜん)　一助(いちじょ)　推移(すいい)　パターン　後方(こうほう)　ハンドバッグ
車道(しゃどう)　裏通り(うらどおり)　歩道(ほどう)　わき

○ 次の問題を考えながら聞きましょう。

1. ひったくり被害を描いた絵を選んでください。
2. 犯罪情勢はどう変化していますか。

メモ

1 の選択肢

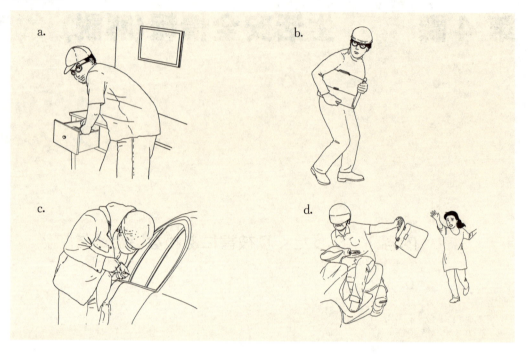

2 の選択肢

a. 以前と比べて悪くなっています。
b. 以前と比べてよくなっています。
c. 以前と変わっていません。

○ では、更に次の問題を意識しながらもう一度聞きましょう。

　　1. 次の（　　）に適当な数字を書き入れてください。
　　2. 次の a～f から適当な言葉を選んで、（　　）に書き入れてください。

メモ

1 の答え

　　主な発生パターンとしては、被害者の（　　）％が女性、住宅地での発生が 80％、オートバイ利用の犯行が（　　）％、被害者後方からの追い越しざまの犯行が 95％、自転車の前かごから取られたのが（　　）％となっています。

第4課　生活安全情報（解説）

2の答え

> a. 脇　　b. 車道側　　c. 大通り　　d. 裏通り　　e. 人通り　　f. 歩道側

　ひったくり被害に遭わないために、自転車を利用する時は、ひったくり防止用ネットを使い、荷物は（　　）には持たず、周囲に注意を払うようにしましょう。そのうえ、道路を歩く時は、（　　）の多い道路を歩き、（　　）でオートバイが近づいてきたら、バッグをしっかり抱え、道路の（　　）に寄って、オートバイが通り過ぎるまで注意しましょう。

○　もう一度聞いて、次の問題に答えましょう。
1. 内容と合っているものに○を、違っているものに×をつけてください。
2. ひったくり被害にあったら、どうすればいいですか。2つ選んでください。

メモ

1の選択肢
a. （　　）最近、身近でひったくり被害が多発しています。
b. （　　）大部分のひったくり被害は少しの注意で未然に防ぐことができたものです。
c. （　　）ひったくり防止用ネットはスーパーで買えます。
d. （　　）被害に遭った時は、誰にも言わず、すぐに110番をしたらいいです。

2の選択肢
a. 大声で周囲の人に知らせます。
b. 早く家族に知らせます。
c. すぐに110番をします。

内容2　空き巣ねらいにご用心

ウォーミングアップ

スタイル：解説

提示単語：

開錠（かいじょう）　錠前（じょうまえ）　ロータリーリスク　電子（でんし）ロック　マグネット
リンプルキー　ガードプレート　補助錠（ほじょじょう）　板（いた）ガラス　合（あ）わせガラス
足場（あしば）　ベランダ　格子状（こうしじょう）　見通（みとお）し　溜（た）める　植木鉢（うえきばち）

○ 次の問題を考えながら聞きましょう。

1. 空き巣狙いを描いた絵を選んでください。
2. この犯罪はどんな傾向を示していますか。

メモ

1 の選択肢

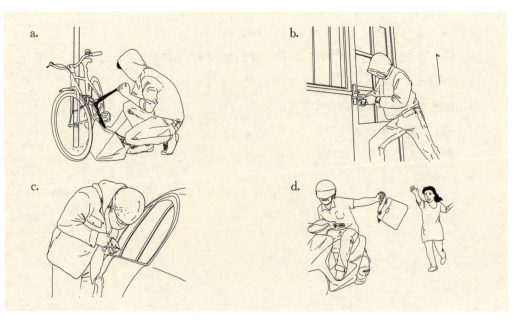

2の選択肢

 a. 増加　　　　　b. 減少　　　　　c. 横ばい

○　では、更に次の問題を意識しながらもう一度聞きましょう。
1. 身近な空き巣狙い防犯対策の1つとして正しいのはどれですか。
2. 空巣狙いにあわないためにどこの設備を強化すればいいか、3つ選んでください。
3. 空き巣狙いに遭わないために、どんな習慣をつければいいか、3つ選んでください。

メモ

1の答え
 a. 防犯措置の補完
 b. 防犯意識の強化
 c. 防犯環境の整備

2の選択肢
 a. ドア　　　b. 窓　　　c. 天井　　　d. 玄関
 e. エレベーター　　f. 階段

3の選択肢
 a. 夜になったら、カーテンを閉める習慣
 b. ちょっとした外出でも、鍵をかける習慣
 c. 洗濯物を干しっぱなしにしない習慣
 d. 外出する際、鍵を植木鉢の下に入れておく習慣
 e. 配達された新聞や手紙などをポストに入れっぱなしにしない習慣
 f. 外出する時、監視カメラをつける習慣

○　もう一度聞いて、次の問題に答えましょう。
1. 空き巣狙いの防犯対策として3つありますが、それぞれ何ですか。適当な言葉を（　　）に書き入れてください。
2. 内容と合っているものに○を、違っているものに×をつけてください。

メモ

1の答え

防犯（　　　）の強化；防犯（　　　）の整備；防犯（　　　）の保持。

2の選択肢

a. （　　　）これは家に人がいない時、泥棒が侵入する被害の防犯対策です。

b. （　　　）被害に遭わないために、家だけでなく周囲の環境にも注意すべきです。

c. （　　　）被害に遭わないために、板ガラスを使ったほうがいいです。

d. （　　　）錠前の使い方については、鍵屋さんだけが知っています。

e. （　　　）できるだけ多くの所に防犯カメラを取りつけることも有効な防犯対策です。

内容3　子供の誘拐防止対策

ウォーミングアップ

スタイル：広報

提示単語：

誘拐（ゆうかい）　模倣性（もほうせい）　犯行（はんこう）　監視（かんし）　把握（はあく）　一声（ひとこえ）　通報（つうほう）　よそ

○ 次の問題を考えながら聞きましょう。

1. 犯罪がよく発生するのはいつですか。
2. 被害に遭わないために、誰と誰が約束すべきですか。

メモ

1の選択肢

a. 年始　　　b. 年末　　　c. 夏休み　　　d. お祭りの日

第4課　生活安全情報（解説）

2の選択肢

　　a．生徒と先生　　　　b．子供と友達　　　c．先生と家族　　　　d．子供と家族

○　では、更に次の問題を意識しながらもう一度聞きましょう。

　　1．友達が連れて行かれそうになったら、どうすればいいですか。
　　2．不自然な子供づれを見たら、どうすればいいですか。

メモ

1の選択肢

　　a．すぐに110番通報します。
　　b．すぐに自分の両親か友達の両親に知らせます。
　　c．すぐに大声で助けを求めます。
　　d．すぐに近くの大人や警察に知らせます。

2の選択肢

　　a．見えなかったふりをします。　　　　b．その人達を監視します。
　　c．その人達に話しかけてみます。　　　d．その子供に理由を尋ねます。

○　もう一度聞いて、次の問題に答えましょう。

　　1．内容と合っているものに○を、違っているものに×をつけてください。
　　2．次の（　　　）に適当な言葉を書き込み、その意味を推測して中国語で書いてください。

メモ

1の選択肢

　　a．（　　）誘拐事件は殺人事件に発展する可能性があります。
　　b．（　　）被害に遭わないために、親は子供を出来るだけ監視すべきです。
　　c．（　　）子供に、自分の名前、住所、電話番号が言えるようにすべきです。
　　d．（　　）被害に遭わないために、親は毎日子供を送り迎えすべきです。

e. (　　) 大人はよその子供を、帰りが遅い時は家に泊めるべきです。

2の答え

a. 誘拐事件は(　　)が高く、殺人や(　　)に発展する恐れのある、憎むべき犯行です。

意味：＿＿＿＿＿＿＿

b. ……休みには、子供たちも(　　)になることから、誘拐被害にあう危険性があります。

意味：＿＿＿＿＿＿＿

c. (　　)な子供連れには一声かけるか、110番通報をします。

意味：＿＿＿＿＿＿＿

内容4　悪徳商法ご用心

ウォーミングアップ

スタイル：解説

提示単語：

ほだす	標的(ひょうてき)	悪質(あくしつ)	商法(しょうほう)	訪問販売(ほうもんはんばい)	怒鳴る(どな)	納品書(のうひんしょ)	撃退(げきたい)
偽る(いつわ)	しつこい	勧誘(かんゆう)	根こそぎ(ね)	搾り取る(しぼと)	毅然(きぜん)	脅かす(おど)	
鵜呑み(うの)	後払い(あとばら)	分割(ぶんかつ)	カモ				

その1

○ 次の問題を考えながら聞きましょう。

1. これは何についての防犯対策ですか。
2. このセールスマンの特徴は何ですか。

メモ

1の選択肢

a. 訪問販売員　　　　　　　　b. 販売契約

c. 販売納品　　　　　　　　　d. 販売商品

2の選択肢

a. 親切です。　　　　　　　　　　b. 怖いです。
c. 話が巧妙です。　　　　　　　　d. 諦めがよいです。

○　では、更に次の問題を意識しながらもう一度聞きましょう。

1. 物を買う前に、どんなことをしたほうがいいですか。
2. 乱暴されそうになったら、何をすればいいですか。

メモ

1の選択肢

a. 商品の説明をよく読みます。
b. セールスマンの説明をよく聞きます。
c. セールスマンとよく相談します。
d. 家族や友人とよく相談します。

2の選択肢

a. 110番に通報します。
b. 家族や友人に連絡します。
c. 隣の人に手伝ってもらいます。
d. 言われたとおりに買います。

○　もう一度聞いて、次の問題に答えましょう。

内容と合っていれば○を、違っていれば×をつけてください。

メモ

選択肢

a. (　　) 悪質な商法で契約をしても、その契約を守らなくてもいいです。
b. (　　) うまい話に騙されて買った人が多いが、恐怖のあまり購入した人も少なくありません。

c. （　　）すぐに申し込みを勧めるセールスマンに特に注意すべきです。
d. （　　）現金で買った場合、納品書でも現金を払ったことが証明できます。

その2

○ 次の問題を考えながら聞きましょう。
  1. 訪問販売員が訪れてきたら、まず何をしなければなりませんか。
  2. 買いたくない場合、どう言えばいいですか。

メモ

1の選択肢
  a. 家に上げること　　　　　　b. 話を聞くこと
  c. ドアを閉めること　　　　　d. 身份と要件を確認すること

2の選択肢
  a. 考えさせてください。
  b. 要りません。
  c. ほしいですが、ちょっと。
  d. 他に何かありませんか。

○ では、更に次の問題を意識しながらもう一度聞きましょう。
  1. セールスマンはどうして家に入りたいのですか。
  2. どうしてお金があってもその場で全額を払わないほうがいいのですか。

メモ

1の選択肢
  a. その人を脅かしたいから
  b. しつこく勧誘したいから
  c. その人の購買力を測りたいから

d. 他の人に見られたくないから

2の選択肢

　　　a. 契約を修正できない可能性があるから
　　　b. 取り替えられない可能性があるから
　　　c. 後で解約できない可能性があるから
　　　d. 賠償金がもらえない可能性があるから

○　もう一度聞いて、次の問題に答えましょう。
　　1. 内容と合っていれば○を、違っていれば×をつけてください。
　　2. 次の(　　)に適当な言葉を書き込み、その意味を推測して中国語で書いてください。

メモ

1の選択肢

　　a. (　　) 悪質業者は自分の身分は伝えますが、販売の意図は隠します。
　　b. (　　) 悪質業者が口で言うことと契約書に書いてあることは全然違います。
　　c. (　　) 財産を守るには、専門組織に頼るしかありません。
　　d. (　　) 脅かされたりした時は迷わずに110番をします。

2の答え

　　a. ……どんどん聞いて、相手のペースに(　　　)ことが大切です。
　　　意味：＿＿＿＿＿＿＿＿
　　b. 悪質業者は預金などの蓄えを(　　　)搾り取ろうと狙っています。
　　　意味：＿＿＿＿＿＿＿＿
　　c. セールスマンの言うことを(　　　)にして契約するのは後悔のもと。
　　　意味：＿＿＿＿＿＿＿＿

内容5　地震に備えて

ウォーミングアップ

スタイル：解説

提示単語：

潜（くぐ）る　消防署（しょうぼうしょ）　町会（ちょうかい）　自治会（じちかい）　管内（かんない）　出火（しゅっか）　消火（しょうか）　タイミング
伏（ふ）せる　燃（も）え広（ひろ）がる　リットル　懐中電灯（かいちゅうでんとう）　頭巾（ずきん）　ヘルメット　目（め）
安（やす）　支障（ししょう）　転倒（てんとう）　落下（らっか）　金具（かなぐ）　飛散（ひさん）　茶箪笥（ちゃだんす）　収納（しゅうのう）　破片（はへん）
安否（あんぴ）　近寄（ちかよ）る

その1

○ 次の問題を考えながら聞きましょう。

1. 地震に備え、普段しなければならないことは何ですか。
2. 地震が起きたら、まずしなければならないことは何ですか。

メモ

1の選択肢

a. 防災体験に参加すること　　b. 防災授業を受けること
c. 防災番組を見ること　　　　d. 防災試験を受けること

2の選択肢

a. 外に飛び出すこと　　　　　b. 火を消すこと
c. 電源を切ること　　　　　　d. 蛇口を止めること

○ では、更に次の問題を意識しながらもう一度聞きましょう。

1. 地震が発生したら、どうすればいいですか。正しくないことを一つ選んでください。
2. 防災訓練で教えてもらえないのは何ですか。

3. 火を消すタイミングは3つありますが、その中の2番目はいつですか。

メモ

1の選択肢
　　a. 倒れやすい家具から離れること　　b. すぐに避難所に飛び出すこと
　　c. 用具類の下に潜ること　　　　　　d. すぐに火を消すこと

2の選択肢
　　a. 出火防止の要領　　　　　　　　　b. 身の安全確保の要領
　　c. 消火の要領　　　　　　　　　　　d. 救護の要領

3の選択肢
　　a. 揺れが来た時　　　　　　　　　　b. 揺れが始まった時
　　c. 揺れている時　　　　　　　　　　d. 揺れが収まった時

○　もう一度聞いて、次の問題に答えましょう。
　　内容と合っているものに○を、違っているものに×をつけてください。

メモ

選択肢
a. (　　) 大きな揺れの時は、背の高い家具の下に身を伏せるべきです。
b. (　　) 東京消防庁管内にある防災館ではいつでも防災訓練に参加できます。
c. (　　) 地震の体験訓練に繰り返し参加したほうがいいです。
d. (　　) 地震が起きた時、何も言わずに火を消すべきです。
e. (　　) 万が一出火した時は、1、2分程度の、燃え広がる前に火を消すべきです。

その2

○　次の問題を考えながら聞きましょう。
　　1. 地震に備えて、普段工夫しなければならないことに○をつけてください。

2. 非常持ち出し品はどこにおいた方がいいですか。

メモ

1の選択肢
- a. (　　) 電気製品の点検
- b. (　　) 家具の固定
- c. (　　) 非常持ち出し品の準備
- d. (　　) 部屋の修繕

2の選択肢
- a. 秘密のところ
- b. 一番持ち出しやすいところ
- c. 一番高いところ
- d. 一番低いところ

○ では、更に次の問題を意識しながらもう一度聞きましょう。
1. 1人最低何日分の持ち出し品を準備すれば、生活に障害がないと言っていますか。
2. 非常持ち出し品としない物は何ですか。
3. 本棚や茶箪笥などの転倒を防ぐには、重いものはどうすればいいですか。

メモ

1の選択肢
- a. 1日分
- b. 2日分
- c. 3日分
- d. 4日分

2の選択肢
- a. 懐中電灯
- b. 携帯電話
- c. 防災頭巾
- d. 乾電池

3の選択肢
- a. 上の方に置けばいいです。
- b. 真ん中に置けばいいです。
- c. 下の方に置けばいいです。

○ もう一度聞いて、次の問題に答えましょう。
　内容と合っているものに○を、違っているものに×をつけてください。

第4課　生活安全情報（解説）

メモ

選択肢
a. (　　) ライターは非常持ち出し品に欠かせないものです。
b. (　　) 飲料水は1日1人3リットル分を準備したほうがいいです。
c. (　　) 地震が起きたら、門や塀に近寄ったほうが安全です。
d. (　　) 地震が起きたとき、出口の確保が重要です。
e. (　　) ラジオは非常持ち出し品として大事です。

課外でチャレンジしましょう

火災防止対策

ウォーミングアップ

スタイル：解説
提示単語：

触(ふ)れ合(あ)い	スローガン	ガスコンロ	点火(てんか)	点検(てんけん)	発火(はっか)	可燃物(かねんぶつ)
ダンボール	就寝(しゅうしん)	耐震(たいしん)	露出(ろしゅつ)	ファンヒーター	スプレー	
蛸足(たこあし)	コンセント	下敷(したじ)き	プラグ			

○　次の問題を考えながら聞きましょう。
1. 建物火災の中でなくなった方の多くはどんな人ですか。
2. 出火原因の中で第2位に挙げられているのは何ですか。それを防ぐにはどんな点に注意しなければなりませんか。
3. 放火火災は何年から出火原因のトップになっていますか。東京消防庁管内の火災の約何パーセントが放火によるものですか。
4. トラッキング火災とはどんな火災ですか。

第5課　天気予報(対談・解説)

内容1　天気予報

ウォーミングアップ

地図を確認しておきましょう。

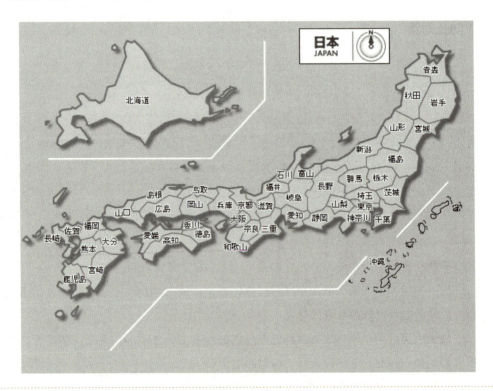

第5課　天気予報（対談・解説）

> スタイル：対談
> 提示単語：
> 　氷点下（ひょうてんか）　山沿い（やまぞい）　吹雪く（ふぶく）　緩む（ゆるむ）　見込み（みこみ）　高気圧（こうきあつ）　和らぐ（やわらぐ）

○ 次の問題を考えながら聞きましょう。

1. 今週の天気はどうでしたか。
2. 雪が降っている所を選んで、〇をつけてください。
3. 明日の天気はどうなりますか。

メモ

1の選択肢

a. 前半は暖かかったですが、後半は寒くなりました。
b. 前半は寒かったですが、後半は暖かくなりました。
c. この一週間はずっと寒かったです。
d. この一週間はずっと暖かかったです。

2の選択肢

a. 新潟県　　　b. 東京　　　c. 山形県
d. 石川県　　　e. 沖縄　　　f. 九州

3の選択肢

a. 雪が続きます。　　　　b. 晴れるところが多いです。
c. 雪のち曇りです。　　　d. 曇りのち晴れです。

○ では、更に次の問題を意識しながらもう一度聞きましょう。

1. 札幌や青森は今日何度ぐらいでしたか。
2. 明日の京都の天気はどうですか。
3. 明日の朝仙台の気温はどうですか。

メモ

1の選択肢
 a. 0度から2度
 b. 氷点下1度
 c. 氷点下5度以下
 d. 5度以上

2の選択肢
 a. 曇り
 b. 晴れ
 c. 雪のち曇り
 d. 曇りのち晴れ

3の選択肢
 a. 氷点下1度
 b. 7度前後
 c. 6度
 d. 2度ぐらい

○ もう一度聞いて、次の問題に答えましょう。
  1. 内容と合っているものに○を、違っているものに×をつけてください。
  2. なぜ明日は晴れる所が多くなるのですか。

メモ

1の選択肢
 a. (　) 今週の木曜日から気温がどんどん下がってきました。
 b. (　) 今夜は太平洋側では大雪が降るので、高波に注意が必要です。
 c. (　) 今日の日中、金沢や松江は風が強くて、0度から2度ぐらいでした。
 d. (　) 明日、北海道の日本海側は雪のち曇りで、太平洋側は晴れる見込みです。
 e. (　) 明日の朝、札幌は今日より7度ぐらい下がりそうです。

2の選択肢
 a. 東から低気圧に覆われてくるから
 b. 西から高気圧に覆われてくるから
 c. 西から低気圧に覆われてくるから
 d. 東から高気圧に覆われてくるから

第 5 課　天気予報(対談・解説)

内容 2　花粉予報

ウォーミングアップ

スタイル：解説

提示単語：

速報（そくほう）　スギ　ヒノキ　収束（しゅうそく）　花粉症（かふんしょう）　シラカバ　ブタクサ
ヨモギ　キク科　医療機関（いりょうきかん）　受診（じゅしん）

○　次の問題を考えながら聞きましょう。

1. お天気キャスターはどんなことを伝えていますか。
2. この花粉情報の中に出てくる花粉を飛ばす植物を 3 つ選んでください。

メモ

1 の選択肢
　a. 花粉症の原因　　b. 花粉の種類　　c. 花粉症の症状　　d. 花粉の飛ぶ時期

2 の選択肢
　a. タンポポ　　　　　　　　b. スギ　　　　　　　　c. シラカバ
　d. キク　　　　　　　　　　e. ヒノキ

○　では、更に次の問題を意識しながらもう一度聞きましょう。

1. 花粉の飛ぶ時期の順番を考えて、番号をつけてください。
2. 北日本では、スギ花粉の飛散はいつまでに終了しますか。
3. 北海道では、シラカバ花粉のピークは何月ですか。
4. 花粉症の症状が出たら、どうすればいいでしょうか。

メモ

1の選択肢
  a.（　　）シラカバ   b.（　　）スギやヒノキ
  c.（　　）ブタクサやヨモギ

2の選択肢
  a. 5月中旬   b. 6月以後
  c. 10月頃   d. 9月頃

3の選択肢
  a. 1月頃   b. 5月頃
  c. 7月頃   d. 10月頃

4の選択肢
  a. マスクをすればいいです。
  b. 十分に睡眠をとればいいです。
  c. 医者に診てもらえばいいです。
  d. 入院して治療を受ければいいです。

○　もう一度聞いて、次の問題に答えましょう。
   1. 内容と合っているものに○を、違っているものに×をつけてください。
   2. なぜ花粉症の人は春が終わっても油断できないのですか。

メモ

1の選択肢
  a.（　　）現在、ブタクサやヨモギの花粉は東日本や西日本では、ほぼ終了しています。
  b.（　　）5月の半ばになると、花粉の飛散が収束するので、花粉症の方は注意を怠っていても大丈夫です。
  c.（　　）北海道では、スギ花粉はほとんど飛びませんが、シラカバの花粉は飛びます。
  d.（　　）スギもヒノキもキク科の植物で、9月から10月頃に花粉を飛ばします。
  e.（　　）日本ではほぼ一年中、何らかの花粉が飛んでいます。

2の答え：＿＿＿＿＿＿＿＿＿＿＿＿＿＿＿＿＿＿＿＿＿＿＿＿＿＿＿＿＿＿＿＿＿＿＿
＿＿＿＿＿＿＿＿＿＿＿＿＿＿＿＿＿＿＿＿＿＿＿＿＿＿＿＿＿＿＿＿＿＿＿＿＿＿＿

内容3　気象情報

ウォーミングアップ

スタイル:解説
提示単語:

下（くだ）り坂（ざか）　陽気（ようき）　紫外線（しがいせん）　ぐずつく　全般（ぜんぱん）に　大型連休（おおがたれんきゅう）　遠出（とおで）

○ 次の問題を考えながら聞きましょう。

1. 青森では、現在何の花が咲いていますか。
2. 日曜日の30日は、全国的にどんな天気ですか。

メモ

1の選択肢

　a. 桜の花　　　　b. 椿の花　　　　c. 桃の花　　　　d. 梅の花

2の選択肢

　a. 北日本と北陸以外はよい天気です。
　b. 全国的によい天気です。
　c. 北日本と北陸は晴れですが、ほかの地方は天気が悪くなります。
　d. 全国的に雨が降ります。

○ では、更に次の問題を意識しながらもう一度聞きましょう。

1. 明日、東京の気温はどのぐらいですか。
2. 日中の気温はどう変わりますか。
3. メーデーの日に天気のいい所を選んでください。

メモ

1 の選択肢

 a. 30 度近く b. 25 度近く c. 20 度近く d. 15 度近く

2 の選択肢

 a. 全国的に前の日より高くなります。
 b. 全国的に前の日より低くなります。
 c. 北日本や北陸以外では、前の日より高くなります。
 d. 北日本や北陸以外では、前の日より低くなります。

3 の選択肢

 a. 札幌 b. 仙台 c. 福岡
 d. 東京 e. 新潟 f. 名古屋

○ もう一度聞いて、次の問題に答えましょう。
 1. 内容と合っているものに○を、違っているものに×をつけてください。
 2. 大型連休を利用して旅行する人に対して、アナウンサーはどんなアドバイスをしましたか。

メモ

1 の選択肢

 a. ( ) 関東から九州、沖縄にかけては、よく晴れて気温も上がります。
 b. ( ) 大阪から那覇は 4 日にかけては全般に雨が続きます。
 c. ( ) 関東から西は 25 度近くまで上がる所が多く、日差しが強いです。
 d. ( ) 青森では、桜が梅より早く咲きました。
 e. ( ) 前線を伴った低気圧の影響で、北日本の天気が悪くなります。

2 の答え:＿＿＿＿＿＿＿＿＿＿＿＿＿＿＿＿＿＿＿＿＿＿＿＿＿＿＿＿＿

内容 4　台風情報

ウォーミングアップ

スタイル:解説

第5課　天気予報(対談・解説)

提示単語：

北上（ほくじょう）　上陸（じょうりく）　潮岬（しおのみさき）　ヘクトパスカル　風速（ふうそく）　暴風（ぼうふう）　局地的（きょくちてき）
甲信（こうしん）　大時化（おおしけ）

○　次の問題を考えながら聞きましょう。

1. 台風7号はどの方向へ進んでいますか。
2. 台風7号はどれぐらいの速度で動いていますか。
3. 台風の中心の気圧はどれぐらいですか。

メモ

1の選択肢
   a. 南　　　　　　　b. 北北西　　　　　c. 南南東　　　　　d. 東

2の選択肢
   a. 時速15キロ　　　　　　　　　b. 時速350キロ
   c. 時速90キロ　　　　　　　　　d. 時速30キロ

3の選択肢
   a. 759ヘクトパスカル　　　　　　b. 30メートル
   c. 975ヘクトパスカル　　　　　　d. 25メートル

○　では、更に次の問題を意識しながらもう一度聞きましょう。

1. 台風の影響で大雨が降る所の雨量を(　　)に書き入れてください。
2. 台風7号の最大風速は何メートルですか。

メモ

1の選択肢
   a. 四国と関東甲信(　　　　)　　　　　b. 東海(　　　　)
   c. 近畿南部(　　　　)

2 の選択肢

a. 30 メートル   b. 6 メートル
c. 25 メートル   d. 40 メートル

○ もう一度聞いて、次の問題に答えましょう。

台風 7 号の動きについて、述べてみてください。

メモ

答え：_____
_____
_____

内容 5　気象情報

ウォーミングアップ

スタイル：解説

提示単語：

家族連れ（かぞくづれ）　背負う（せお）　ゴールデンウィーク　力及ばず（ちからおよ）　夏日（なつび）　着替え（きが）
蕾（つぼみ）　綻びる（ほころ）　分かれ目（わかれめ）　鯉のぼり（こい）

○ 次の問題を考えながら聞きましょう。

1. 何月の天気予報ですか。
2. 五日の子供の日の縁起物は何でしょうか。
3. ゴールデンウィーク後半の天気はどうなりますか。

メモ

第5課　天気予報（対談・解説）

1の選択肢
- a. 1月
- b. 3月
- c. 5月
- d. 7月

2の選択肢
- a. 雛人形
- b. 鯉のぼり
- c. 折鶴
- d. 凧

3の選択肢
- a. 崩れる
- b. よくなる
- c. 悪くなる
- d. 雨

○ では、更に次の問題を意識しながらもう一度聞きましょう。
1. 朝早い電車にはどんな人が多いですか。
2. 連休中に、親は子供に何を用意した方がいいですか。
3. 向こう一週間は那覇の天気はどうなりますか。

メモ

1の選択肢
- a. 鞄を持ったサラリーマンのような人や学生
- b. ショルダー・バッグを持っている人やカップル
- c. リュックサックを背負った人や家族連れ

2の選択肢
- a. 食事
- b. 学費
- c. おもちゃ
- d. 着替え

3の選択肢
- a. 土曜日までは天気が悪いですが、日曜日以降は晴れが続きそうです。
- b. 土曜日までは晴れますが、日曜日以降は悪くなりそうです。
- c. お出かけ日和が続きそうです。
- d. 曇りや雨のすっきりしない天気が続きそうです。

○ もう一度聞いて、次の問題に答えましょう。
　　内容と合っているものに○を、違っているものに×をつけてください。

メモ

1の選択肢

a. 東京　　　b. 鹿児島　　　c. 新潟　　　d. 大阪
e. 札幌　　　f. 仙台　　　　g. 京都　　　h. 宇都宮

2の選択肢

a. (　　) 名古屋は日曜日から月曜日にかけて一時雨が降る見込みです。
b. (　　) 関東地方は25度を超える夏日となります。
c. (　　) 札幌では、桜はもう満開になっています。
d. (　　) 向こう一週間、札幌の天気は回復し、お出かけ日和が続きそうです。
e. (　　) 5日は全国的に気温が上がりそうです。

内容6　気象情報

ウォーミングアップ

スタイル:解説

提示単語:

梅雨前線（ばいうぜんせん）　横断（おうだん）　等圧線（とうあつせん）　土砂災害（どささいがい）　浸水（しんすい）　横這い状態（よこばいじょうたい）　濡れる（ぬれる）
冷える（ひえる）　梅雨入り（つゆいり）　間近（まぢか）

○ 次の問題を考えながら聞きましょう。

1. いつごろの天気予報ですか。
2. 15日は全国的にどんな天気ですか。
3. 太平洋側では、どんなことに注意が必要ですか。

メモ

第5課　天気予報（対談・解説）

1の選択肢
a. 2月　　　　b. 6月　　　　c. 9月　　　　d. 11月

2の選択肢
a. 晴れ　　　　b. 曇り　　　　c. 雨　　　　d. 雪

3の選択肢
a. 土砂災害や浸水　　　　　　b. 高気温や大雨
c. 梅雨や強風　　　　　　　　d. 大雨や梅雨入り

○　では、更に次の問題を意識しながらもう一度聞きましょう。
1. 東京ではいつから雨が降ると言っていますか。
2. 北海道ではいつから雨が降り出しますか。
3. 向こう一週間、大阪の天気はどうなりますか。

メモ

1の選択肢
a. 水曜日の朝　　　　　　　　b. 木曜日の昼頃
c. 金曜日の午前　　　　　　　d. 木曜日の夕方以降

2の選択肢
a. 14日の夕方　　　　　　　　b. 15日の昼頃
c. 15日の夕方以降　　　　　　d. 14日の朝

3の選択肢
a. 曇りや雨の日が続きます。
b. 木曜日は晴れますが、金曜日から天気が悪くなります。
c. 金曜日は晴れますが、週末はまたぐずつきます。
d. いい天気が続きます。

○　もう一度聞いて、次の問題に答えましょう。
　　内容と合っているものに○を、違っているものに×をつけてください。

メモ

選択肢

a. (　　) 等圧線の数が増えるのは、風が弱まることを表しています。
b. (　　) 東日本の最高気温は雨が止んだ後に出ますが、西日本の最高気温は雨が降り出す前に出ます。
c. (　　) 北陸地方はもうすぐ梅雨に入ります。
d. (　　) 日本海側では、15日から16日にかけて大雨のおそれがあります。
e. (　　) 向こう一週間、札幌は悪い天気が続きます。

内容7　地震情報

ウォーミングアップ

スタイル：解説

提示単語：

震源（しんげん）　震度（しんど）　津波（つなみ）　佐伯市（さいきし）　呉市（くれし）　愛媛県（えひめけん）　今治市（いまばりし）　八幡浜市（やわたはまし）
西予市（せいよし）　伊方町（いかたちょう）　四万十市（しまんとし）　阿蘇市（あそし）　吉賀町（よしがちょう）　多度津町（たどつちょう）

マグニチュード

○　次の問題を考えながら聞きましょう。

1. この地震は何時何分に起きましたか。
2. この地震の震源地はどこですか。
3. 震源の深さはどのぐらいですか。

メモ

1の選択肢

a. 今日午後5時1分　　　　　　　　b. 今日午前5時1分
c. 昨日午後5時1分　　　　　　　　d. 昨日午前5時1分

2の選択肢

a. 高知県中部　　　　　　　　　　b. 愛媛県中部
c. 大分県中部　　　　　　　　　　d. 山口県中部

第5課　天気予報（対談・解説）

3の選択肢

  a. 40キロ   b. 100キロ   c. 104キロ   d. 140キロ

○　では、更に次の問題を意識しながらもう一度聞きましょう。

  1. マグニチュードとは何を示す尺度ですか。
  2. この地震のマグニチュードはどのぐらいですか。
  3. この地震による津波の心配はありますか。

メモ

1の選択肢

  a. 地震の震源   b. 地震の震度   c. 地震の規模   d. 地震の深さ

2の選択肢

  a. 6.0   b. 6.1   c. 6.2   d. 1.6

3の選択肢

  a. あります。   b. ありません。
  c. あるかどうかわかりません。

○　もう一度聞いて、次の問題に答えましょう。

  1. 震度5弱の強い揺れを観測したのはどこですか。
  2. 震度4の揺れのところを選んでください。
  3. 震度3から1の揺れを観測したのはどこですか。

メモ

1の選択肢

  a. 大分県佐伯市   b. 愛媛県八幡浜市   c. 岡山市   d. 松山市
  e. 広島県呉市   f. 熊本県阿蘇市   g. 愛媛県伊方町

2の選択肢

  a. 大分市   b. 愛媛県西予市   c. 山口県萩市

d. 島根県吉賀町　　e. 広島県呉市　　f. 高知県四万十市

　　g. 大分県佐伯市

3 の選択肢

　　a. 大分県、愛媛県、広島県

　　b. 九州と中国、四国地方

　　c. 東海地方から九州地方にかけて

　　d. 東北、北陸と関東地方

内容 8　降雪情報

ウォーミングアップ

タイトル：解説

提示単語：

　記録的な大雪（きろくてき　おおゆき）　雪崩（なだれ）　積雪（せきせつ）

○ 次の問題を考えながら聞きましょう。

　1. どの地域の降雪情報ですか。

　2. 東京都心での積雪は何年ぶりですか。

　3. 伊豆諸島の天気はどうなりますか。

メモ

1 の選択肢

　a. 西日本・東北の太平洋側　　　　b. 関東甲信・東北の太平洋側

　c. 北陸地方・東北の日本海側　　　d. 東京都心・東北の日本海側

2 の選択肢

　a. 120 年ぶり　　b. 27 年ぶり　　c. 45 年ぶり　　d. 23 年ぶり

3 の選択肢

　a. 強い風　　　　b. 大しけ　　　　c. 大雪　　　　d. 激しい雨

○ では、更に次の問題を意識しながらもう一度聞きましょう。
　1. 今回の大雪による各地の積雪の深さはどれぐらいですか。それぞれ(　)に書き入れてください。
　2. 関東甲信の内陸部と東北地方では、明日はどんな天気ですか。

メモ

1 の選択肢
　甲府市(　　　　　　)　　　　　前橋(　　　　　　　)
　埼玉県熊谷市(　　　　　)　　　福島市(　　　　　　)
　仙台市と宮城県石巻市(　　　　)　東京都心(　　　　　)

2 の選択肢
　a. 大雪が降り、交通障害や落雪、雪崩の恐れがあります。
　b. 雷や突風を伴う局地的に激しい雨が降る恐れがあります。
　c. 強い風が吹き、大しけが続く見込みです。
　d. 雪が止み、晴れる見込みです。

○ もう一度聞いて、次の問題に答えましょう。
　内容と合っているものに○を、違っているものに×をつけてください。

メモ

選択肢
a. (　　) 今回の大雪は、東北で70センチ、関東甲信で60センチの積雪を記録しました。
b. (　　) 今回の大雪で、特に記録的な積雪となったエリアは関東甲信地方です。
c. (　　) 発達中の高気圧の影響で太平洋側の広い範囲で大雪が降りました。
d. (　　) 関東では暖かく湿った空気が流れ込んでいるため、雨が強まっています。

内容9　交通情報

ウォーミングアップ

タイトル：解説

提示単語：

運転見合（うんてんみあ）わせ　欠航（けっこう）　通行止（つうこうど）め　渋滞（じゅうたい）

○　次の問題を考えながら聞きましょう。

1. これは何についての情報ですか。
2. 岩元良介ディレクターはどんなことを伝えていますか。
3. 今日新宿駅を発着して運行しているJRの電車はどれですか。

メモ

1の選択肢

a. 道路の積雪情報　　　　　　　　b. 雪の影響による交通機関の乱れ
c. 現在の天気と路面状況　　　　　d. 国内線運航状況

2の選択肢

a. 新宿駅の交通情報と南口の前の路面状況
b. 新宿駅を発着するJRと私鉄についての紹介
c. 新宿駅の天気状況と時刻表
d. 新宿駅のダイヤと南口の前の積雪状況

3の選択肢

a. 在来線　　　　　　　　　　　　b. 京王線
c. 小田急　　　　　　　　　　　　d. 山手線

○　では、更に次の問題を意識しながらもう一度聞きましょう。

1. 雪の影響で欠航する国内便は何便ですか。
2. 雪の影響により、現在通行止めとなっている高速道路はどれですか。

3. 雪の影響による渋滞に対して、どんな対応をしていますか。

メモ

1 の選択肢
a. 40 便
b. 336 便
c. 330 便
d. 340 便

2 の選択肢
a. 東名高速道路と中日本高速道路
b. 阪神高速道路と東京高速道路
c. 中日本高速道路と名神高速道路
d. 東名高速道路と西日本高速道路

3 の答え：＿＿＿＿＿＿＿＿＿＿＿＿＿＿＿＿＿＿＿＿＿＿＿＿＿＿＿＿＿＿＿

○ もう一度聞いて、次の問題に答えましょう。

内容と合っているものに○を、違っているものに×をつけてください。

メモ

選択肢

a. （　　）雪は交通機関に大きな影響を及ぼし、空の便は欠航、新幹線や在来線も遅延や運休が相次いでいます。

b. （　　）小田急線や京王線などの私鉄は平常どおり運行しています。

c. （　　）東名高速道路は雪の影響でおよそ50キロにわたって渋滞し、現在も多くの車が動けなくなっています。

d. （　　）新宿駅の前は今雨が降っていて、路面に積もった雪が少しずつ溶けてきています。

課外でチャレンジしましょう

内容1　気象情報

ウォーミングアップ

スタイル：対談

提示単語：
観測史上　　プラス　　ざあざあ降り　　鹿屋市　　落雪

○　次の問題を考えながら聞きましょう。

1. 今日の天気はどうでしたか。
2. 今日、静岡市の最高気温は何度でしたか。
3. 今夜の天気はどうですか。
4. 明日はどんな天気になりますか。
5. 明日の各地の最高気温はどうなりますか。

   a. 札幌——（　　）度　　　　　　b. 仙台——（　　）度
   c. 東京——（　　）度　　　　　　d. 高知——（　　）度
   e. 鹿児島——（　　）度　　　　　f. 那覇——（　　）度

内容2　気象情報

ウォーミングアップ

スタイル：解説

提示単語：
雪解け　　増水　　お預け　　桜前線　　足踏みする

○　次の問題を考えながら聞きましょう。

1. 何月の天気予報ですか。

2. 水曜日の全国の天気はどうですか。
3. 火曜日の夜から、気温は下がりますか。上がりますか。
4. 仙台の天気はどうですか。
5. 桜前線はどこまで進んでいますか。

内容3　気象情報

ウォーミングアップ

スタイル：対談

提示単語：
気配（けはい）　冴え返る（さえかえ）　雨脚（あめあし）　気圧配置（きあつはいち）　寒気（かんき）　晴れ間（はれま）　上回る（うわまわ）
季節風（きせつふう）　体感的（たいかんてき）

○ 次の問題を考えながら聞きましょう。
1. 日本人は寒さがぶり返すことを何と言いますか。
2. 今日、仙台の最高気温はどのぐらいでしたか。
3. なぜ今日は雨の所が多かったのですか。
4. 明日の天気はどうなるか、(　　　)に書き入れてください。
　　a. 山陰から北の日本海側――(　　)
　　b. 沖縄――(　　)
　　c. 太平洋側の各地と九州――(　　)
　　d. 瀬戸内――(　　)
5. 明日の天気のポイントは何ですか。

内容4　気象情報

ウォーミングアップ

タイトル：解説

提示単語：
前線（ぜんせん）　低気圧（ていきあつ）　気温（きおん）

○ 次の問題を考えながら聞きましょう。

1. 各地の天気はどうですか。簡単にまとめてください。
2. どうして東北と北海道は晴れるのに、九州から関東では雨になるのですか。
3. 桜が見ごろを迎えている地域はどこですか。
4. 各地の予想気温を(　)に書き入れてください。

  a．那覇——(　)度   b．鹿児島——(　)度
  c．福岡——(　)度   d．高知——(　)度
  e．広島——(　)度   f．大阪——(　)度
  g．東京——(　)度   h．名古屋——(　)度
  i．新潟——(　)度   j．仙台——(　)度
  k．札幌——(　)度

5. 昨日の東京の気温は何度でしたか。

内容5　気象情報

ウォーミングアップ

タイトル：解説

提示単語：

高気圧（こうきあつ）　寒気（かんき）　晴れ間（はま）　気温（きおん）

○ 次の問題を考えながら聞きましょう。

1. 今日の天気はどうですか。
2. なぜ北海道以外では全国的に晴れるのですか。
3. 各地の予想気温を(　)に書き入れてください。

  a．那覇——(　)度   b．鹿児島——(　)度
  c．福岡——(　)度   d．高知——(　)度
  e．高松——(　)度   f．広島——(　)度
  g．松江——(　)度   h．大阪——(　)度
  i．東京——(　)度   j．名古屋——(　)度
  k．金沢——(　)度   l．新潟——(　)度

m. 仙台──(　　)度　　　　　　　　n. 秋田───(　　)度
o. 札幌──(　　)度　　　　　　　　p. 旭川───(　　)度

4. 昨日の札幌の気温は何度でしたか。

内容6　降雨情報

ウォーミングアップ

タイトル：解説

提示単語：
予想雨量（よそううりょう）　集中的（しゅうちゅうてき）　雷雨（らいう）

○ 次の問題を考えながら聞きましょう。

1. 明日の雨の降り方にはどんな特徴がありますか。
2. 明日の気温はどうですか。
3. あさっての天気はどうなりますか。
4. 明日の仙台の雨量はどれぐらいですか。

第6課　駅構内・車内放送
（オリジナル放送）

内容1　駅構内放送

ウォーミングアップ

スタイル：オリジナル放送

提示単語：

<ruby>お<rt>こ</rt></ruby>越し　<ruby>成田<rt>なりた</rt></ruby>エクスプレス　<ruby>内回<rt>うちまわ</rt></ruby>り　<ruby>原宿<rt>はらじゅく</rt></ruby>　<ruby>渋谷<rt>しぶや</rt></ruby>　<ruby>恵比寿<rt>えびす</rt></ruby>
<ruby>五反田<rt>ごたんだ</rt></ruby>　<ruby>品川<rt>しながわ</rt></ruby>　<ruby>浜松<rt>はままつ</rt></ruby>　<ruby>外回<rt>そとまわ</rt></ruby>り　<ruby>高田馬場<rt>たかだのばば</rt></ruby>　<ruby>目白<rt>めじろ</rt></ruby>　<ruby>池袋<rt>いけぶくろ</rt></ruby>　<ruby>田端<rt>たばた</rt></ruby>
<ruby>日暮里<rt>にっぽり</rt></ruby>　<ruby>上野<rt>うえの</rt></ruby>　<ruby>赤羽<rt>あかばね</rt></ruby>　<ruby>武蔵野<rt>むさしの</rt></ruby>　<ruby>大宮<rt>おおみや</rt></ruby>　<ruby>川越<rt>かわごえ</rt></ruby>　<ruby>中央線<rt>ちゅうおうせん</rt></ruby>　<ruby>快速列車<rt>かいそくれっしゃ</rt></ruby>
<ruby>上下<rt>じょうげ</rt></ruby>　<ruby>四谷<rt>よつや</rt></ruby>　<ruby>御茶ノ水<rt>おちゃのみず</rt></ruby>　<ruby>各駅停車<rt>かくえきていしゃ</rt></ruby>　<ruby>総武線<rt>そうぶせん</rt></ruby>　<ruby>秋葉原<rt>あきはばら</rt></ruby>　<ruby>錦糸町<rt>きんしちょう</rt></ruby>
<ruby>船橋<rt>ふなばし</rt></ruby>　<ruby>津田沼<rt>つだぬま</rt></ruby>　<ruby>千葉<rt>ちば</rt></ruby>　<ruby>中野<rt>なかの</rt></ruby>　<ruby>高円寺<rt>こうえんじ</rt></ruby>　<ruby>阿佐ヶ谷<rt>あさがや</rt></ruby>　<ruby>三鷹<rt>みたか</rt></ruby>

その1

○　次の問題を考えながら聞きましょう。

1. これは何の放送ですか。
2. この電車の名前は何ですか。

メモ

1の選択肢
 a. 到着の案内　　　　　　　　　b. 発車の案内
 c. 乗り換えの案内

2の選択肢
 a. 成田エクスプレス　　　　　　b. 羽田エクスプレス

○　では、更に次の問題を意識しながらもう一度聞きましょう。
　　1. これはどの方面へ行く電車ですか。
　　2. この電車は何時に発車しますか。
　　3. この電車には何番線から乗りますか。

メモ

1の選択肢
 a. 成田空港方面　　　　　　　　b. 羽田空港方面

2の選択肢
 a. 6時8分　　　b. 7時6分　　　c. 6時7分　　　d. 6時3分

3の選択肢
 a. 1番線　　　　b. 3番線　　　c. 6番線　　　d. 7番線

○　もう一度聞いて、確認しましょう。

その2

○　次の問題を考えながら聞きましょう。
　　1. これは何の放送ですか。
　　2. これは何という線ですか。

メモ

1 の選択肢
 a. 乗り換えの案内   b. 到着の案内

2 の選択肢
 a. やまのて線   b. やまて線

○ では、更に次の問題を意識しながらもう一度聞きましょう。
 1. 品川に行くには何番線で乗り換えればいいですか。
 2. 上野へ行くには何番線で乗り換えればいいですか。

メモ

1 の選択肢
 a. 12 番線   b. 13 番線

2 の選択肢
 a. 12 番線   b. 13 番線

○ もう一度聞いて、次の問題に答えましょう。
 1. 12 番線の電車はどの方面へ行くでしょうか。3つ選んでください。
 2. 13 番線の電車はどの方面へ行くでしょうか。3つ選んでください。
 3. この線はどんな形だと思いますか。

メモ

1 の選択肢
 原宿 上野 渋谷 品川 新宿 池袋

2 の選択肢
 池袋 五反田 恵比寿 日暮里 上野

3 の選択肢
 a. 直線形   b. L字形
 c. 環状形   d. 二重の環状形

第 6 課　駅構内・車内放送（オリジナル放送）

○　もう一度聞いて、確認しましょう。

その 3

○　次の問題を考えながら聞きましょう。
　1. これは何の放送ですか。
　2. 今、新宿から埼京線の運転はありますか。

メモ

1 の選択肢
　a. 埼京線のご利用の案内
　b. 山手線のご利用の案内

2 の選択肢
　a. はい、あります。　　　　　　　　　　　　b. いいえ、ありません。

○　では、更に次の問題を意識しながらもう一度聞きましょう。
　1. 赤羽へ行くには、まずどの線を利用すればいいですか。
　2. 埼京線への正しい乗り換え方はどれですか。

メモ

1 の選択肢
　a. 山手線外回り 13 番線　　　　　　　b. 山手線内回り 13 番線

2 の選択肢
　a. 13 番線で山手線外回りに乗る　→　池袋で乗り換え
　b. 池袋で山手線内回りに乗る　→　新宿で乗り換え

○　もう一度聞いて、確認しましょう。

その4

○ 次の問題を考えながら聞きましょう。
1. これは何についての放送だと思いますか。
2. 今動いていない線は何線ですか。

メモ

1の選択肢
  a. 電車遅れの知らせ   b. 乗り換えのホーム
  c. お客様へのご注意   d. お客様へのお願い

2の選択肢
  a. 中央線快速   b. 中央線各駅停車
  c. 総武線

○ では、更に次の問題を意識しながらもう一度聞きましょう。
1. 東京に行くには何番線でどの電車に乗りますか。
2. 秋葉原、千葉へ行くにはどうすればいいですか。

メモ

1の選択肢
  a. 11番線で各駅停車に乗る
  b. 11番線で快速に乗る

2の選択肢
  a. 14番線の電車に乗ればいいです。
  b. 11番線の電車に乗り、御茶ノ水で乗り換えればいいです。

○ もう一度聞いて、確認しましょう。

第6課　駅構内・車内放送（オリジナル放送）

内容2　車内放送

ウォーミングアップ

スタイル：オリジナル放送

提示単語：

| けいはん | でまちやなぎ | きたはま | てんまばし | きょうばし | ちゅうしょじま | たんばばし | しちじょう |
| 京阪 | 出町柳 | 北浜 | 天満橋 | 京橋 | 中書島 | 丹波橋 | 七条 |

| しじょう | さんじょう | しゅうちゃくえき | ろくぞう | おうばく | うじ | やせ | おおはら | くらま |
| 四条 | 三条 | 終着駅 | 六地蔵 | 黄檗 | 宇治 | 八瀬 | 大原 | 鞍馬 |

その1

○ 次の問題を考えながら聞きましょう。

1. これは何という電車ですか。
2. これはどんな電車ですか。
3. この電車は今止まっていますか、それとも走っていますか。

メモ

1の選択肢
　a. 京阪電車　　　　　　　　　b. 近鉄電車

2の選択肢
　a. 各駅停車　　　　　　　　　b. 特急

3の選択肢
　a. 止まっています。　　　　　b. 走っています。

○ では、更に次の問題を意識しながらもう一度聞きましょう。

1. この電車は何時に発車しますか。
2. 終点には何時に到着しますか。
3. 終点はどこですか。

メモ

1 の選択肢
　a. 9 時 45 分　　　　　　　　　　b. 9 時 54 分

2 の選択肢
　a. 10 時 35 分　　　　　　　　　 b. 10 時 53 分

3 の選択肢
　a. 出町柳　　　b. 京橋　　　c. 三条　　　d. 大津

○　もう一度聞いて、次の問題に答えましょう。
　　1. 宇治方面に行くにはどこで乗り換えますか。
　　2. 近鉄京都線はどこで乗り換えますか。
　　3. 八瀬方面はどこで乗り換えますか。

メモ

1 の選択肢
　a. 丹波橋　　　b. 中書島　　　c. 出町柳

2 の選択肢
　a. 丹波橋　　　b. 三条　　　c. 出町柳

3 の選択肢
　a. 丹波橋　　　b. 七条　　　c. 出町柳

○　もう一度聞いて、確認しましょう。

その 2

○　次の問題を考えながら聞きましょう。
　　1. 次の駅はどこですか。
　　2. 一番最後に止まる駅はどこですか。

3. 停車駅のお知らせのほかに、どんなことについて知らせていますか。

メモ

1 の答え：_____

2 の選択肢
　a. 三条　　　　　　b. 四条　　　　　　c. 七条　　　　　　d. 出町柳

3 の選択肢
　a. 乗り換えのホームについて　　　　b. 電話の使用について
　c. 乗り換えの時刻について　　　　　d. 電車の遅延について

○　では、更に次の問題を意識しながらもう一度聞きましょう。
　1. 公衆電話は何号車にありますか。
　2. それはどんな電話ですか。

メモ

1 の選択肢
　a. 4 号車　　　　　b. 5 号車　　　　　c. 6 号車　　　　　d. 7 号車

2 の選択肢
　a. コイン電話　　　　　　　　　　　b. カード専用電話
　c. 携帯電話　　　　　　　　　　　　d. 無線電話

○　もう一度聞いて、次の問題に答えましょう。
　1. 公衆電話はずっと使える状態ですか。
　2. 車内で携帯電話を使ってもいいですか。

メモ

1の選択肢
 a. はい、ずっと使えます。 b. 地下線内では使えません。
 c. 駅に着いた時は使えません。 d. トンネルの中では使えません。

2の選択肢
 a. はい、使ってもいいです。 b. いいえ、使ってはいけません。

○ もう一度聞いて、確認しましょう。

その3

○ 次の問題を考えながら聞きましょう。
 次の駅はどこですか。

メモ

選択肢
 a. 三条 b. 大津 c. 丸田町

○ では、更に次の問題を意識しながらもう一度聞きましょう。
 1. 大津、琵琶湖方面に行くにはどうすればいいですか。
 2. 三条と出町柳の間では列車が止まりますか。

メモ

1の選択肢
 a. 東西線乗り場から、浜大津行きに乗ります。
 b. 地下鉄東西線に乗ります。
 c. 浜大津で乗り換えます。
 d. 三条を出ます。

第6課　駅構内・車内放送（オリジナル放送）

2の選択肢
　a. 止まります　　　　　　　　　　b. 止まりません

○　もう一度聞いて、次の問題に答えましょう。
　1. 丸太町に行くにはどうすればいいですか。
　2. 八瀬、大原方面はどの電車に乗ればいいですか。

メモ

1の選択肢
　a. そのままこの電車に乗っていればいいです。　　b. 三条で乗り換えます。
　c. 浜大津行きの電車に乗ります。　　　　　　　　d. 叡山線に乗ります。

2の選択肢
　a. 叡山電車　　　　　　　　　　b. 地下鉄東西線

○　もう一度聞いて、確認しましょう。

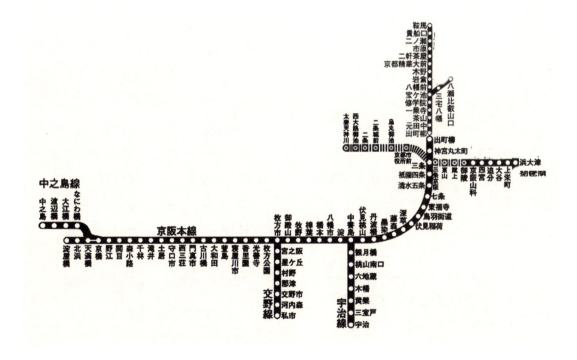

93

内容3　新幹線車内放送

ウォーミングアップ

スタイル：オリジナル放送

提示単語：

やまびこ号　　編成(へんせい)　　回送列車(かいそうれっしゃ)　　自由席(じゆうせき)　　グリーン車(しゃ)　　盗難事故防止(とうなんじこぼうし)
警戒(けいかい)　　網棚(あみだな)　　不審物(ふしんぶつ)

その1

○　次の問題を考えながら聞きましょう。

1. この列車は何時に発車しますか。
2. この列車はどこからどこまで行きますか。
3. この列車は何両編成ですか。

メモ

1の選択肢
　a. 6時　　　　　　b. 6時半　　　　　　c. 6時8分

2の選択肢
　a. 東京〜仙台　　　b. 仙台〜大宮　　　　c. 仙台〜東京　　　　d. 仙台〜上野

3の選択肢
　a. 16両　　　　　　b. 10両　　　　　　c. 11両　　　　　　d. 15両

○　では、更に次の問題を意識しながらもう一度聞きましょう。

1. この列車の停車駅はどれですか。
2. 乗れる車両はどれですか。

メモ

1 の選択肢
- a. 東京　　大宮
- b. 大宮　　上野
- c. 仙台　　上野
- d. 仙台　　東京

2 の選択肢
- a. 1号車～11号車
- b. 1号車～16号車
- c. 1号車～10号車
- d. 1号車～15号車

○　もう一度聞いて、確認しましょう。

その2

○　次の問題を考えながら聞きましょう。
1. 自由席は何号車から何号車までですか。
2. 指定席は何号車から何号車までですか。

メモ

1 の選択肢
- a. 1号車～4号車
- b. 5号車～10号車

2 の選択肢
- a. 1号車～4号車
- b. 5号車～10号車

○　では、更に次の問題を意識しながらもう一度聞きましょう。
1. この列車は、禁煙車両と喫煙車両に分かれていますか。
2. 発車する前に、見送りの人はどこにいればいいですか。

メモ

1 の選択肢

　　a. 分かれています。　　　　　　　b. 全車禁煙車両です。

　　c. 全車喫煙車両です。

2 の選択肢

　　a. 車内　　　　　　　　　　　　　b. 列車の入り口

　　c. ホーム　　　　　　　　　　　　d. 停車駅

○　もう一度聞いて、確認しましょう。

その3

○　次の問題を考えながら聞きましょう。

　　1. 次の駅はどこですか。
　　2. 大宮には何時に到着しますか。

メモ

1 の選択肢

　　a. 大宮　　　　　　b. 上野　　　　　　c. 東京

2 の選択肢

　　a. 7時14分　　　　b. 7時38分　　　　c. 7時18分　　　　d. 7時44分

○　では、更に次の問題を意識しながらもう一度聞きましょう。

　　1. 上野には何時に到着しますか。
　　2. 終点の東京には何時に着きますか。

メモ

1 の選択肢

　　a. 7時14分　　　　b. 7時38分　　　　c. 7時18分　　　　d. 7時44分

2の選択肢

 a. 7時14分 b. 7時38分 c. 7時18分 d. 7時44分

○ もう一度聞いて、次の問題に答えましょう。
 1. 仙台から東京までどれぐらいかかりますか。
 2. 携帯電話はどこで使えますか。

メモ

1の選択肢

 a. 1時間44分 b. 2時間 c. 1時間半

2の答え：＿＿＿＿＿＿＿＿＿＿＿＿＿＿＿＿＿＿＿＿＿＿＿＿＿＿＿＿＿＿

○ もう一度聞いて、確認しましょう。

その4

○ 次の問題を考えながら聞きましょう。
 1. 9号車はどんな車両ですか。
 2. トイレと洗面所はどの車両についていますか。

メモ

1の選択肢

 a. 禁煙車両 b. 自由席 c. グリーン車 d. 喫煙車両

2の選択肢

 a. 各車両についています。 b. 指定席の車両にだけついています。
 c. グリーン車についています。 d. 1両おきについています。

○ もう一度聞いて、確認しましょう。

その5

○ 次の問題を考えながら聞きましょう。
1. 何について言っていますか。
2. 席を離れる際に、現金、貴重品をどうしたらいいですか。

メモ

1の選択肢
a. 携帯電話の使用、盗難事故防止、車内警戒について
b. 携帯電話の使用、現金、貴重品の保管の仕方について
c. 足元と車内の衛生について
d. 駅係員、車掌、警備員との連絡の仕方について

2の選択肢
a. そのまま席に置きます。　　　　　b. 身につけて持ちます。
c. 網棚の上に置きます。　　　　　　d. 足元に置きます。

○ では、更に次の問題を意識しながらもう一度聞きましょう。
どんな時に駅係員たちに知らせますか。

メモ

選択肢
a. 現金や貴重品がなくなった時
b. 気分が悪くなった時
c. 不審物や気がかりなことがある時
d. 近くを駅員や警備員が通った時

○ もう一度聞いて、確認しましょう。

その6

○ 次の問題を考えながら聞きましょう。
1. 何を確認されることがありますか。
2. 車内のゴミ箱は使えますか。

メモ

1の選択肢
a. 荷物　　　　　b. 手荷物　　　　c. お客さんの身分

2の選択肢
a. 使えます　　　　　　　　　b. 使えません

○ では、更に次の問題を意識しながらもう一度聞きましょう。
ゴミをどこに捨てればいいですか。

メモ

選択肢
a. 車内のゴミ箱に　　　　　b. 駅のゴミ箱に
c. 車窓の外に　　　　　　　d. デッキのゴミ箱に

○ もう一度聞いて、確認しましょう。

その7

○ 次の問題を考えながら聞きましょう。
1. これから到着する駅はどこですか。
2. ここから乗り換えられる線はいくつですか。

メモ

1の選択肢
　a. 上越　　　　b. 大宮　　　　c. 長野　　　　d. 高崎
2の選択肢
　a. 5つ　　　　b. 6つ　　　　c. 4つ　　　　d. 7つ

○　では、更に次の問題を意識しながらもう一度聞きましょう。
　　1. 京浜東北線を利用するにはどうすればいいですか。
　　2. 長野新幹線を利用するには何番線へ行けばいいですか。

メモ

1の選択肢
　a. 大宮で乗り換えます。　　　　b. そのまま乗っていきます。
2の選択肢
　a. 8番線　　　　　　　　　　　b. 18番線

○　もう一度聞いて、確認しましょう。

その8

○　次の問題を考えながら聞きましょう。
　　1. 次のうち先に到着するのはどれですか。
　　2. この電車は何番線に到着しますか。
　　3. 川崎、横浜方面は何番線で乗り換えますか。

メモ

1の選択肢
　a. 東京　　　　　　　　　　b. 上野

2の選択肢
　a. 2番線　　　b. 12番　　　c. 22番線

3の選択肢
　a. 6番線　　　b. 3番線　　　c. 4番線

○　では、更に次の問題を意識しながらもう一度聞きましょう。
　　1. 東海道線は何番線で乗り換えますか。
　　2. 地下ホームで乗り換える線はどれですか。

メモ

1の選択肢
　a. 14番線～19番線
　b. 4番線～19番線
　c. 7番線～10番線
　d. 7番線～9番線

2の選択肢
　a. 6番線、3番線、横須賀線
　b. 横須賀線、京浜東北線、西武線
　c. 横須賀線、西武快速線、京浜東北線
　d. 横須賀線、西武快速線、京葉線

○　もう一度聞いて、確認しましょう。

課外でチャレンジしましょう

特急列車の車内放送

ウォーミングアップ

スタイル：オリジナル放送

提示単語：

北斗星（ほくとせい）　札幌（さっぽろ）　宇都宮（うつのみや）　郡山（こおりやま）　函館（はこだて）　長万部（おしゃまんべ）　洞爺（とうや）　伊達紋別（だてもんべつ）
東室蘭（ひがしむろらん）　登別（のぼりべつ）　苫小牧（とまこまい）　南千歳（みなみちとせ）　ロビーカー　シャワールーム
ツインデラックス　ロイヤル　デュエット　カードキー　栃木県（とちぎけん）
集中豪雨（しゅうちゅうごうう）　野辺地（のへじ）　ドラえもん　海底列車（かいていれっしゃ）

○ 次の問題を考えながら聞きましょう。

1. これはどこからどこまでの列車ですか。
2. 終点には何時に着きますか。
3. この列車でシャワーを浴びることができますか。
4. この列車には１人用の個室寝台がありますか。
5. 車掌は何号車に乗務していますか。
6. この列車は遅れが出ていますか。
7. この列車はどうして遅れているのですか。

第7課　ニュース[政治・社会]
　　　　（ラジオニュース）

内容1

ウォーミングアップ

スタイル：ラジオニュース

提示単語：

文部科学大臣（もんぶかがくだいじん）　世帯（せたい）　閣議（かくぎ）　記者会見（きしゃかいけん）　翳す（かざす）　試算（しさん）　与党（よとう）

○　次の問題を考えながら聞きましょう。

1. これは何についてのニュースですか。
2. 来年度から、措置の対象となるのはどれですか。

メモ

1の選択肢

a. 幼児教育の改善について
b. 保育料の無償について
c. 子供の家庭教育の充実について
d. 低収入家庭への補助金について

2の選択肢

a. 3歳の子供　　　　　　　　　　b. 4歳の子供

c. 5歳の子供　　　　　　　　　　　d. 3歳から5歳までの子供

○ では、更に次の問題を意識しながらもう一度聞きましょう。
　　1. これから、政府・与党内で調整が行われる案はどれですか。
　　2. (　　)に適当な言葉を書き入れて、その意味を推測してみてください。

メモ

1の選択肢
　　a. 年収360万円未満の世帯2人の子供、2歳の保育料も無償にする案
　　b. 年収360万円未満の世帯2人目の子供、3歳と4歳の保育料も無償にする案
　　c. 年収360万円未満の世帯子供1人、4歳の保育料も無償にする案
　　d. 年収360万円未満の世帯子供1人、4歳と5歳の保育料も無償にする案

2の答え
　　理想論だけを翳してもなかなか難しい。(　　)を考えると、ぎりぎり(　　)できない最低数字として提案したいと思います。
　　意味：＿＿＿＿＿＿＿＿、＿＿＿＿＿＿＿＿

○ もう一度聞いて、次の問題に答えましょう。
　　内容に合っているものに○を、違っているものに×をつけてください。

メモ

選択肢
a. (　　) 政府は、来年度から保育料について無償にする範囲を検討しています。
b. (　　) 日本には今およそ21万8000人の5歳児がいます。
c. (　　) 政府の試算によると、およそ244億円の財源が必要になるそうです。
d. (　　) 年収360万円以下の世帯の2人目の子供は措置の対象とされます。

第7課　ニュース［政治・社会］（ラジオニュース）

内容 2

ウォーミングアップ

スタイル：ラジオニュース

提示単語：

内閣府（ないかくふ）　意識調査（いしきちょうさ）　出来事（できごと）　絆（きずな）　寄り添う（よりそう）

○　次の問題を考えながら聞きましょう。

1. 意識調査で分かってきたことはどれですか。
2. どうしてこのような変化が起こったのですか。

メモ

1 の選択肢

a. 小中学生の数が増えてきました。
b. 家族で過ごす時間が増えてきました。
c. 家庭生活での教育が重視されてきました。
d. 両親の子供に対する関心度が高くなってきました。

2 の選択肢

a. 先生とのコミュニケーションが多くなってきたから
b. 震災後、家族のことがより重視されるようになったから
c. 父親も家庭での教育現場に進出してきたから
d. 少子化で、子供のことを昔より大切するようになったから

○　では、更に次の問題を意識しながらもう一度聞きましょう。

意識調査の4つのテーマを書いてください。

メモ

答え

a. _____
b. _____
c. _____
d. _____

○ もう一度聞いて、次の問題に答えましょう。

（　）に適当な数値を書き入れてください。

メモ

答え

a. 家族で社会の出来事について話すかについて、肯定した人は（　　）％で、（　　）ポイント高くなりました。

b. 家族で買い物や食事に出かけるかについて、肯定した人は（　　）％で、（　　）ポイント高くなりました。

c. お父さんは自分の気持ちを分かってくれるかについて、肯定した人は（　　）％で、（　　）ポイント高くなりました。

d. お母さんは自分の気持ちを分かってくれるかについて、肯定した人は（　　）％で、（　　）ポイント高くなりました。

内容3

ウォーミングアップ

スタイル：ラジオニュース

提示単語：

顧客（こきゃく）　派遣社員（はけんしゃいん）　警視庁（けいしちょう）　不正（ふせい）　保守（ほしゅ）　委託（いたく）

第7課　ニュース［政治・社会］（ラジオニュース）

○　次の問題を考えながら聞きましょう。
　　1.「ベネッセ」とはどんな会社ですか。
　　2. 今度の事件はどんなことですか。

メモ

1の選択肢
　a. 警視捜査の会社　　　　　　　　b. データ分析の会社
　c. 個人情報管理の会社　　　　　　d. 通信教育の会社
2の選択肢
　a. 個人情報の不正流出　　　　　　b. 会社間での不正競争
　c. 営業秘密の不正売買　　　　　　d. 会社パソコンの窃盗

○　では、更に次の問題を意識しながらもう一度聞きましょう。
　　1. 容疑者はどんな人ですか。
　　2. データをどのように持ち出しましたか。

メモ

1の選択肢
　a. 個人情報管理会社の社員　　　　b. データベースの管理人
　c. 派遣社員　　　　　　　　　　　d. 競争相手会社の社員
2の選択肢
　a. 携帯で写真を撮って持ち出しました。
　b. 紙に書いて持ち出しました。
　c. パソコンに保存して持ち出しました。
　d. 記憶媒体に保存して持ち出しました。

○　もう一度聞いて、次の問題に答えましょう。
　　内容に合っているものに○を、違っているものに×をつけてください。

107

メモ

選択肢

a. (　　) 今回の事件でおよそ760万件の顧客の個人情報が大量に流出しました。
b. (　　) 容疑者は自分のパソコンにデータを保存していました。
c. (　　) ベネッセのデータベース管理上の安全性が問われています。
d. (　　) 容疑者は逃亡中で、まだ事情がよく分からないようです。

内容 4

ウォーミングアップ

スタイル：ラジオニュース

提示単語：

家計（かけい）　共働き（ともばたらき）　合計特殊出生率（ごうけいとくしゅしゅっしょうりつ）　職場（しょくば）　雇用（こよう）　切れ目（きれめ）

○ 次の問題を考えながら聞きましょう。

1. これは何についてのニュースですか。
2. 意識調査の対象となったのは誰ですか。

メモ

1 の選択肢

a. 少子化社会対策について
b. 結婚への支援について
c. 職場環境整備について
d. 妊娠・出産について

2 の選択肢

a. 20歳から59歳までの会社員

b. 20歳から59歳までの女性
c. 20歳から59歳までの男性
d. 20歳から59歳までの男女

○ では、更に次の問題を意識しながらもう一度聞きましょう。
意識調査の結果で最も重要だと思われるものが3つあります。その内容を書いてください。

メモ

答え
a. _____
b. _____
c. _____

○ もう一度聞いて、次の問題に答えましょう。
1. 少子化対策として、必要となっているのはどれですか。
2. 合計特殊出生率について、正しいのはどれですか。

メモ

1の選択肢
a. 子育ての支援
b. 結婚や妊娠の支援
c. 職場女性への支援
d. 切れ目のない支援

2の選択肢
a. おととしは1.41でした。
b. 去年より0.02ポイント上昇しました。
c. 世界中で低い水準にとどまっています。
d. 欧米諸国とは変わりません。

内容 5

ウォーミングアップ

スタイル：ラジオニュース

提示単語：

| 相模原市(さがみはらし) | 小田急線(おだきゅうせん) | 脱線(だっせん) | 始発(しはつ) | レール | 復旧(ふっきゅう) | 見合わせる(みあ) |

○ 次の問題を考えながら聞きましょう。
1. この脱線事件はいつ発生しましたか。
2. この事件で死傷者が出ましたか。

メモ

1 の選択肢
  a. 今日午前六時すぎ   b. 今日午後六時すぎ
  c. 昨日午前六時すぎ   d. 昨日午後六時すぎ

2 の選択肢
  a. はい、2人出ました。   b. いいえ、出ませんでした。

○ では、更に次の問題を意識しながらもう一度聞きましょう。
    （　　）に適当な言葉を書き入れて、その意味を推測してください。

メモ

答え
1. 乗客およそ4000人が駅と駅の間で止まった電車内に閉じ込められ、その後、（　　）駅まで歩いて誘導されました。
    意味：＿＿＿＿＿＿＿＿

2. (　　)が大きく変形していて復旧作業に時間がかかり、今朝も始発から、一部の区間で運転を(　　)いました。

意味：＿＿＿＿＿＿＿＿、＿＿＿＿＿＿＿＿

○ もう一度聞いて、次の問題に答えましょう。

内容と合っているものに○を、違っているものに×をつけてください。

メモ

選択肢

a. (　　)「具合が悪い」と訴え、救急搬送されたのはお年寄りの女性でした。
b. (　　)事故の原因はまだ分かっていません。
c. (　　)午前6時に全線で運転が再開しました。
d. (　　)特急ロマンスカーの運転は午後6時に再開しました。

内容6

ウォーミングアップ

スタイル：ラジオニュース

提示単語：

| 伊藤忠（いとうちゅう） | 出向（しゅっこう） | ニュージーランド | 着服（ちゃくふく） | 横領（おうりょう） | 穴埋め（あなうめ） | 懲戒（ちょうかい） |

コンプライアンス　流用（りゅうよう）

○ 次の問題を考えながら聞きましょう。

1. これはどんな事件ですか。
2. 容疑者について正しいのはどれですか。

メモ

1の選択肢
   a. 資金経理のミス　　　　　　　　b. FX取引の不正投資
   c. 投資損失の穴埋め　　　　　　　d. 資金の横領

2の選択肢
   a. 容疑者はニュージーランドの関連会社に出向し、経理を担当していました。
   b. 容疑者は本社からニュージーランドへ送られた資金を不正流用していました。
   c. 容疑者は伊藤忠商事の大阪支社の社員です。
   d. 容疑者は警視庁に自首しました。

○ では、更に次の問題を意識しながらもう一度聞きましょう。
　　（　　）に適当な言葉を書き入れて、その意味を推測してください。

メモ

答え
　　伊藤忠商事は「（　　）に向けて、内部統制の強化とコンプライアンスの（　　）を図ってまいります」とコメントしています。
意味：＿＿＿＿＿＿＿＿＿、＿＿＿＿＿＿＿＿＿

○ もう一度聞いて、次の問題に答えましょう。
　　内容に合っているものに○を、違っているものに×をつけてください。

メモ

選択肢
   a. (　　) 西口容疑者は個人的にFX取引をしています。
   b. (　　) 西口容疑者は、FX取引でもっと儲けたいと思っているため、会社の資金を流用しました。
   c. (　　) 西口容疑者は横領した事実を認めています。
   d. (　　) 伊藤忠商事は容疑者を懲戒解雇しましたが、刑事告発はしませんでした。

第7課　ニュース［政治・社会］（ラジオニュース）

内容7

ウォーミングアップ

スタイル：ラジオニュース

提示単語：
新宿御苑（しんじゅくぎょえん）　八重桜（やえざくら）　月額（げつがく）　復興（ふっこう）　運営（うんえい）　困窮（こんきゅう）　別物（べつもの）　タイミング
多額（たがく）　立法（りっぽう）　優遇（ゆうぐう）

○ 次の問題を考えながら聞きましょう。

1. これは何についてのニュースですか。
2. 議員歳費とは何ですか。

メモ

1の選択肢
 a. 議員歳費の増減について　　　　b. 議員歳費の明確透明化について
 c. 議員歳費の報告義務化について　d. 議員歳費の課税問題について

2の選択肢
 a. 議員1年間の事務費　　　　b. 議員1年間の報酬
 c. 議員1年間の課税総額　　　d. 議員1年間のボーナス

○ では、更に次の問題を意識しながらもう一度聞きましょう。

1. 議員歳費は今どのぐらいですか。
2. 議員歳費は2012年以来、どのように変わりましたか。

メモ

1の選択肢

a. 553万円　　　　　　　　　b. 2100万円
c. 400万円　　　　　　　　　d. 1700万円

2の選択肢

a. 1割減額　　　　　　　　　b. 2割減額
c. 3割減額　　　　　　　　　d. 変わらない

○ もう一度聞いて、次の問題に答えましょう。
　　内容と合っているものに○を、違っているものに×をつけてください。

メモ

選択肢

a. (　　) 安倍総理は新宿御苑で議員歳費を増額することを発表しました。
b. (　　) 議員歳費の金額は法律で決められるものです。
c. (　　) 東日本大震災の復興のため、議員歳費が減額されました。
d. (　　) 議員歳費の減額について、議員のほとんどは反対しました。
e. (　　) 国会議員には、歳費のほかにも、多額のお金が支給されています。

課外でチャレンジしましょう

内容1

ウォーミングアップ

スタイル：ラジオニュース

提示単語：

外回り（そとまわり）　埼京線（さいきょうせん）　本格（ほんかく）　着工（ちゃっこう）　東口（ひがしぐち）

○ 次の問題を考えながら聞きましょう。
1. このニュースは何についてですか。
2. (　)に適当な外来語をカタカナで書き入れて、その意味を推測してみてください。
　　　また駅1階の(　)を拡大し、(　)化をさらに進めるほか、2階に東西を横断する通路を新たに整備します。
　　　意味：＿＿＿＿＿＿＿＿、＿＿＿＿＿＿＿＿

内容2

ウォーミングアップ

スタイル：ラジオニュース

提示単語：
感染(かんせん)　予防(よぼう)　接種(せっしゅ)　重症化(じゅうしょうか)

○ 次の問題を考えながら聞きましょう。
1. 「はしか」とは何ですか。
2. (　)に適当な外来語を書き入れて、その意味を推測してください。
　a. 海外から持ち込まれた(　)が広がり流行しています。
　b. 5月から6月ごろに流行の(　)を迎えます。
　c. 国立感染症研究所などは予防(　)を接種するよう呼びかけています。
　　意味：a. ＿＿＿＿＿＿＿＿
　　　　　b. ＿＿＿＿＿＿＿＿
　　　　　c. ＿＿＿＿＿＿＿＿

内容3

ウォーミングアップ

スタイル：ラジオニュース

提示単語：
招待(しょうたい)　臨時(りんじ)　石原慎太郎(いしはらしんたろう)　青島幸男(あおしまゆきお)　ノウハウ　意気込み(いきごみ)

○ 次の問題を考えながら聞きましょう。

1. 舛添知事は４月の何日から何日まで北京を訪問しますか。
2. 舛添知事は王安順・北京市長と何について会談する予定ですか。

内容 4

ウォーミングアップ

スタイル：ラジオニュース

提示単語：

| 可決(かけつ) | 念頭(ねんとう) | 支え合い(ささあい) | 整備(せいび) | 採決(さいけつ) |

○ 次の問題を考えながら聞きましょう。

1. 一定以上の所得がある高齢者への介護サービスの自己負担は、どのようになりましたか。
2. 特別養護老人ホームへの入所についてはどう規定されていますか。
3. 医療事故で患者が死亡した場合はどう規定されていますか。
4. 規制緩和策というのは何ですか。

内容 5

ウォーミングアップ

スタイル：ラジオニュース

提示単語：

| 臨む(のぞむ) | 修好(しゅうこう) | 通商(つうしょう) | 使節(しせつ) | 大統領(だいとうりょう) | 合気道(あいきどう) | 原本(げんぽん) |

○ 次の問題を考えながら聞きましょう。

1. 誰が何のためにどこの国を訪問しましたか。
2. 皇太子様は今日一日何をしましたか。
3. 博物館には何が展示されていますか。

内容6

ウォーミングアップ

スタイル:ラジオニュース

提示単語:

総務省（そうむしょう）　幅（はば）　生産年齢人口（せいさんねんれいじんこう）

○ 次の問題を考えながら聞きましょう。
1. 総人口の変化はどうなりましたか。
2. 年齢層から見てみると、どう変わりましたか。

内容7

ウォーミングアップ

スタイル:ラジオニュース

提示単語:

原子力（げんしりょく）　再稼動（さいかどう）　会合（かいごう）　膨大（ぼうだい）

○ 次の問題を考えながら聞きましょう。
1. どうして審査書の案の取りまとめを延期したのですか。いつに延期しましたか。
2. 「審査書」が完成した後、何の手続きがありますか。
3. 川内原発の再稼働ができるのは、いつですか。

第8課　政府広報(会話・解説)

内容1　治安対策「子供の防犯」チャイルドシート・コーナー

ウォーミングアップ

スタイル：会話
提示単語：
チャイルドシート　　安全運転(あんぜんうんてん)　　かっこいい

○　次の問題を考えながら聞きましょう。
1. 3人は何について話していますか。
2. ナレーションでは、大人の義務は何だと言っていますか。
3. チャイルドシート着用義務の対象年齢は何歳までですか。

メモ

1の選択肢
　a. 安全運転　　　　　　　　　　b. 育児
　c. チャイルドシートの着用　　　d. 大人の義務

2の選択肢
　a. 子供を生むこと　　　　　　　b. 小さな命を守ること
　c. 大事に育てること　　　　　　d. 安全運転をすること

3の選択肢

a. 5歳以上　　　b. 6歳未満　　　c. 7歳未満　　　d. 6歳以上

○　では、更に次の問題を意識しながらもう一度聞きましょう。
　　なぜ最初はその両親は、子供にチャイルドシートをつけようとしなかったのですか。

メモ

答え
_____

○　もう一度聞いて、確認しましょう。

内容2　政府広報

ウォーミングアップ

スタイル：解説
提示単語：

エネルギー　　省(しょう)エネ　　ドラッグ　　誘惑(ゆうわく)

○　次の問題を考えながら聞きましょう。
　1. この録音は2つの政府広報からなっていますが、それぞれ何についてのものですか。
　2. 省エネをするには、どうすればいいですか。

1の選択肢
　a. 安全運転と違法ドラッグ　　　　b. 省エネ対策と薬物乱用防止
　c. エネルギーの使用と薬物の誘惑　　d. 冷暖房温度の設定と薬物乱用

2の答え：_____
_____

○ では、更に次の問題を意識しながらもう一度聞きましょう。
次の(　)に適当な言葉を書き入れてください。

答え
　すぐ(　　)から、きれいになるから、強い(　　　)じゃないから、1回だけだから、(　　　)やつって言われちゃうから。軽い気持ちで1度でもドラッグの(　　　)に乗れば、もうおしまい。

○ もう一度聞いて、次の問題に答えましょう。
違法ドラッグはどうして危険なのか、その危害を3つほど挙げてみましょう。

答え：_____
_____

内容3　架空請求にご注意を！

ウォーミングアップ

スタイル：質問　　応答

提示単語：
架空請求（かくうせいきゅう）　入金（にゅうきん）　有料サイト（ゆうりょう）　債権回収（さいけんかいしゅう）　出向く（でむく）　煽る（あおる）
悪質業者（あくしつぎょうしゃ）　預金口座（よきんこうざ）　悪用（あくよう）　不審（ふしん）

○ 次の問題を考えながら聞きましょう。
1. 何についての政府広報ですか。
2. 男の人は、架空請求の名目は何だと言っていますか。
3. 架空請求はどのような手口で行われるのか、適当なものを4つ選んでください。

メモ

第8課　政府広報（会話・解説）

1の選択肢
 a. 預金口座   b. メールチェック
 c. 架空請求   d. 警察相談

2の答え：_____

3の選択肢
 a. 葉書き b. 封書 c. ファックス d. 電子メール
 e. 携帯電話 f. 振込み g. 手渡し

○　では、更に次の問題を意識しながらもう一度聞きましょう。
 架空請求を受けたら、どうすればいいでしょうか。その対処法を書いてください。

メモ

答え
a. _____
b. _____
c. _____

○　もう一度聞いて、次の問題に答えましょう。
 内容と合っているものに○を、違っているものに×をつけてください。

メモ

選択肢
a. (　　) 利用していないのであれば、一切支払う義務はありません。
b. (　　) 1度払ってしまったら、また新たな請求を受ける可能性があります。
c. (　　) 悪質業者は、本人の名義を書いた口座に振り込ませるため、その正体がつかみやすいです。
d. (　　) 最近有料サイトの請求が少なくなりました。
e. (　　) 架空請求を受けて、慌てて代金を振り込むというケースが多いです。

内容4　アルコール　お酒を飲んだら乗らない！

ウォーミングアップ

スタイル：解説

提示単語：

飲酒運転（いんしゅうんてん）　凶器（きょうき）　過信（かしん）　業務上過失致死傷罪（ぎょうむじょうかしつちししょうざい）　危険運転致死傷罪（きけんうんてんちししょうざい）

○　次の問題を考えながら聞きましょう。

1. 何についての政府広報ですか。
2. 男の人は誰から電話をもらいましたか。
3. 男の人はどうやって帰ったのですか。

メモ

1の選択肢
　a. 殺人事件　　　b. 飲酒運転　　　c. 酔っ払い　　　d. アルコール

2の選択肢
　a. 警察　　　　　b. 奥さん　　　　c. 友達　　　　　d. お母さん

3の選択肢
　a. タクシーで　　b. 車で　　　　　c. 電車で　　　　d. 歩いて

○　では、更に次の問題を意識しながらもう一度聞きましょう。

1. 平成14年の1年間に発生した自動車などによる交通死亡事故は何件でしたか。
2. そのうち、飲酒運転によるものは何件でしたか。
3. アルコールが人体に入った状態で運転すると、どうなりますか。

メモ

1の選択肢
   a. 3 724 件　　　　　　　　　　b. 2 734 件
   c. 7 324 件　　　　　　　　　　d. 7 234 件

2の選択肢
   a. 997 件　　　　　　　　　　　b. 897 件
   c. 979 件　　　　　　　　　　　d. 987 件

3の選択肢
   a. ハンドルを切り過ぎます。　　　b. クラクションをよく鳴らします。
   c. スピードを出し過ぎます。　　　d. ブレーキを踏むのが遅くなります。

○　もう一度聞いて、次の問題に答えましょう。
　　内容と合っているものに○を、違っているものに×をつけてください。

メモ

選択肢
a. (　　) 飲酒運転は、自分の命にかかわるだけでなく、他人にも大変迷惑をかけます。
b. (　　) 男の人はお酒に強いし、家まですぐだから、大丈夫だと思って、車を運転して帰りました。
c. (　　) お酒に強い人は、アルコールによる影響を受けません。
d. (　　) 飲酒運転は危険で、違法行為です。
e. (　　) 飲酒運転で死傷事故を起こすと、危険運転致死傷罪に問われることもあります。

内容5　ペットはあなたの大切な家族です

ウォーミングアップ

スタイル：解説

提示単語：

ペットブーム　　習性(しゅうせい)　　不妊(ふにん)　　去勢(きょせい)　　みだりに　　虐待(ぎゃくたい)　　モラル

○ 次の問題を考えながら聞きましょう。
1. 何について話していますか。
2. 動物の繁殖制限を行うために、どんな手段を使いますか。

メモ

1の選択肢
a. ペットの権利　　　　　　b. ペットの飼い方
c. 飼い主の義務　　　　　　d. ペットブーム

2の選択肢
a. 不妊手術をして捨てる　　b. 去勢手術をして殺す
c. 殺して捨てる　　　　　　d. 不妊と去勢の手術をする

○ では、更に次の問題を意識しながらもう一度聞きましょう。
　内容と合っているものに○を、違っているものに×をつけてください。

メモ

選択肢
a. (　　) 動物の愛護及び管理に関する法律では、動物愛護と正しい飼い方についての決まりが定められていません。
b. (　　) ペットは動物で、家族と違うので、勝手に捨てたり、みだりに虐待したりしてもいいです。
c. (　　) 飼い主の義務について、守りたい5つの項目は、人と動物が共生するための最低限のルールです。

○ もう一度聞いて、次の問題に答えましょう。
1. 動物と一緒に暮らすのに欠かせないことは何か、(　　　　)に書き入れてください。
2. 飼い主の義務である5つの項目について、簡単にまとめてください。

メモ

1の答え

　　動物と一緒に暮らすためには、飼い主の(　　　　　)や(　　　　　)を身につけること、そして動物に対する(　　　　　)と(　　　　　)は欠かせません。

2の答え

a. _____
b. _____
c. _____
d. _____
e. _____

内容6　地球温暖化

ウォーミングアップ

タイトル：解説

提示単語：
　地球温暖化（ちきゅうおんだんか）　　二酸化炭素（にさんかたんそ）　　温室効果ガス（おんしつこうか）　　削減（さくげん）　　節約（せつやく）

○　次の問題を考えながら聞きましょう。

1. 地球温暖化とは何ですか。
2. 科学者は、地球温暖化原因は何だと考えていますか。
3. 20世紀の100年間で、地球の平均気温はどのぐらい上昇しましたか。

メモ

1の選択肢

a. 気温が急激に上昇する現象　　　　b. 気温が急激に降下する現象

c. エネルギー浪費現象　　　　　d. 大気汚染現象
2の選択肢
   a. 自然法則　　　　　　　　　　b. 温室効果ガスの削減
   c. 海氷面積の減少　　　　　　　d. 人間の活動
3の選択肢
   a. 7度から8度　　　　　　　　 b. 0.7度から0.8度
   c. 1度以上　　　　　　　　　　d. 1度から5.5度

○ では、更に次の問題を意識しながらもう一度聞きましょう。
   1. 地球温暖化を進行させる大きな原因は何ですか。
   2. 温室効果ガスには、どんなものがありますか。
   3. 地球温暖化の影響で、地球にどんな変化が起こるのでしょうか。

メモ

1の選択肢
   a. 太陽の熱　　　　　　　　　　b. 温室効果ガス
   c. 海氷の現象　　　　　　　　　d. 海面の上昇
2の選択肢
   a. 二酸化炭素やメタンなど　　　b. 大気や二酸化炭素など
   c. 酸素や水素など　　　　　　　d. 酸素やメタンなど
3の答え
   a. _____
   b. _____
   c. _____
   d. _____

○ もう一度聞いて、次の問題に答えましょう。
   1. 内容と合っているものに○を、違っているものに×をつけてください。
   2. 地球温暖化に有効な対策は何ですか。例を挙げてください。
   3. 省エネ対策を2つ以上考えてみてください。

メモ

1 の選択肢

a. (　　　) NASA の観測によると、氷の面積は過去 30 年間で 10％減りました。
b. (　　　) 今世紀の終わりには、気温が 5.5 度上昇すると予測されています。
c. (　　　) 大気や地面が太陽の熱や光を全部吸収することで、地球が暖まっています。
d. (　　　) エネルギーを大量に消費する限り、大気中の温室効果ガスは増え続けます。

2 の答え：_____

3 の答え

a. _____
b. _____

内容 7　子供と学ぼう　　自分で自分を守る方法

ウォーミングアップ

スタイル：解説

提示単語：
世田谷区（せたがやく）　就学前（しゅうがくまえ）　防犯プログラム（ぼうはん）　保育士（ほいくし）　脅かす（おびやかす）　術（すべ）
足立区立千寿小学校（あだちくりつせんじゅしょうがっこう）　警視庁少年育成課（けいしちょうしょうねんいくせいか）

○　次の問題を考えながら聞きましょう。

1. 何についての政府広報ですか。
2. この防犯プログラムは、どんな人を対象に行われていますか。
3. 足立区立千寿小学校では、何の教室を実施していますか。

メモ

1 の選択肢
  a. 子供たちが自分で自分を守る方法　　b. 子供が危険な目にあった原因
  c. 小学生の学級活動　　　　　　　　　d. 就学前の安全教育
2 の選択肢
  a. 小学生　　　　　　　　　　　　　　b. 保育園児の親
  c. 就学前の子供たち　　　　　　　　　d. 保育士たち
3 の選択肢
  a. ハングリー　　　　　　　　　　　　b. セーフティー
  c. ヘルプ　　　　　　　　　　　　　　d. セーフ

○　では、更に次の問題を意識しながらもう一度聞きましょう。
   1. 日本では、危険を感じて警察を呼ぶ時、何番にかけますか。
   2. 危険なことに遭ったら、どんな場所へ逃げますか。
   3. 危険なことに遭ったら、何と叫びますか。

メモ

1 の選択肢
  a. 119番　　　　b. 110番　　　　c. 120番　　　　d. 114番
2 の選択肢
  a. 大人がたくさんいる明るい場所　　　b. 知らない場所
  c. 大人がいない明るい場所　　　　　　d. 暗い場所
3 の選択肢
  a. どうしよう　　　　　　　　　　　　b. しまった
  c. やめてえ　　　　　　　　　　　　　d. たすけてえ

○　もう一度聞いて、次の問題に答えましょう。
   1. 内容と合っているものに○を、違っているものに×をつけてください。
   2. 子供が危険な目にあわないためのポイントは何ですか。3つ書いてください。

メモ

1の選択肢

a. (　　) 近年、親たちに子供の身を守る術を教える取り組みが全国各地で行われてきました。

b. (　　) 子供が怖い、危ないと感じた時には、近くの民家や商店などに逃げ込める子供110番の家があります。

c. (　　) セーフティー教室の講師を担当する原島さんは、小学校の先生です。

2の答え

a. _____

b. _____

c. _____

内容8　怪しいと思ったらすぐ相談を！

ウォーミングアップ

タイトル：解説

提示単語：
高齢者詐欺（こうれいしゃさぎ）　振り込め詐欺（ふりこめさぎ）　振込型（ふりこみがた）　現金送付型（げんきんそうふがた）　現金受取型（げんきんうけとりがた）

○ 次の問題を考えながら聞きましょう。

1. 何についての政府広報ですか。
2. 振り込め詐欺は主にどんな人をターゲットとするのですか。
3. 平成25年度、特殊詐欺による被害総額はどのぐらいですか。

メモ

1の選択肢

a. 警察相談　　　　　　　　b. 強盗事件
c. 振り込み　　　　　　　　d. 振り込め詐欺

2 の選択肢

a. 学生　　　　　　　　　　b. 高齢者

c. 若者　　　　　　　　　　d. 子供

3 の選択肢

a. 489 億円　　　　　　　　b. 498 億円

c. 849 億円　　　　　　　　d. 894 億円

○　では、更に次の問題を意識しながらもう一度聞きましょう。

1. 振り込め詐欺の主な騙しの手口は何ですか。
2. 怪しいと思った場合は、何番に連絡しますか。
3. 犯人がお金を受け取る手口は、何種類ありますか。

メモ

1 の答え：＿＿＿＿＿＿＿＿＿＿＿＿＿＿＿＿＿＿＿＿

2 の選択肢

a. ＊9110　　　　　　　　b. ＊104

c. ♯9110　　　　　　　　d. ♯104

3 の答え：＿＿＿＿＿＿＿＿＿＿＿＿＿＿＿＿＿＿＿＿

○　もう一度聞いて、次の問題に答えましょう。

1. 内容と合っているものに○を、違っているものに×をつけてください。
2. どうやって振り込め詐欺を防ぎますか。

メモ

1 の選択肢

a. (　　) 特殊詐欺には振り込め詐欺をはじめ、いろいろな種類があります。

b. (　　) 「現金受取型」とは、ゆうパックや宅配便などで現金を送らせることです。

c. (　　) 警察庁のホームページでは、さまざまな詐欺の手口や実際にかかってきた電

話の音声などを紹介しています。

d. (　　) 最近では「現金送付型」と「振込型」による被害が増加傾向にあります。

2の答え

a. _____
b. _____
c. _____

内容9　パソコンやスマートフォンのセキュリティ対策を万全に！

ウォーミングアップ

タイトル：解説

提示単語：

セキュリティ　　ウイルス　　ウェブサイト　　個人情報(こじんじょうほう)　　ソフトウェア　　アプリケーション

○ 次の問題を考えながら聞きましょう。

1. 何についての政府広報ですか。
2. 「情報セキュリティ月間」は何月ですか。
3. 「情報セキュリティ月間」に関するお問い合わせ先はどこですか。

メモ

1の選択肢

a. ソフトウェアの使用方法
b. アプリケーションの機能や利用方法
c. 個人情報保護対策
d. パソコンやスマートフォンのセキュリティ対策

2の選択肢

a. 1月　　　　　　　　　　　　b. 2月
c. 6月　　　　　　　　　　　　d. 12月

3の選択肢
- a. 内閣官房情報セキュリティセンター
- b. 厚生労働省情報センター
- c. 内閣府コンピューターウイルス対策センター
- d. 各都道府県の警察本部または警察署

○ では、更に次の問題を意識しながらもう一度聞きましょう。
1. インターネットの利点は何か、(　　　)に書き入れてください。
2. 内閣官房情報セキュリティセンターの電話番号は何番ですか。
3. アプリケーションをインストールする際に注意することは何ですか。

メモ

1の答え
　　インターネットは(　　　　)などを通じて、時間や場合を選ばず、いつでも、どこでも(　　　　)ができたり、(　　　　)を調べることができたり、(　　　　)を楽しんだりすることができる。

2の選択肢
- a. 03－3518－3768
- b. 03－3581－3786
- c. 03－3581－3768
- d. 03－3518－3786

3の選択肢
- a. パソコンやスマートフォンの機能とアプリケーション提供サイトの内容
- b. アプリケーション提供サイトの安全性とアプリケーションの機能や利用条件
- c. ウェブサイト画面とアプリケーションの種類
- d. パソコンやスマートフォンの機能とアプリケーション提供サイトの安全性

○ もう一度聞いて、次の問題に答えましょう。
1. 内容と合っているものに○を、違っているものに×をつけてください。
2. 安心してパソコンやスマートフォンを使用するためにどんな対策が必要か、3つ書いてください。

メモ

1の選択肢

a. (　　) インターネットは手軽で便利な反面、様々な危険もあります。
b. (　　) 更新されていないOSやアプリケーションなどを使っていても、コンピューターウイルスに感染しません。
c. (　　) 内閣官房情報セキュリティセンターのサイトには、セキュリティ対策に役立つ情報が多く掲載されています。

2の答え

a. _____
b. _____
c. _____

課外でチャレンジしましょう

内容1　児童虐待防止

ウォーミングアップ

スタイル：解説
提示単語：
虐待（ぎゃくたい）　しつけ　疑（うたが）わしい

○　次の問題を考えながら聞きましょう。
　1. これは何の話についてですか。
　2. どうして女の人は隣の子が虐待されているのではないかと疑っているのですか。
　3. 疑わしいと思ったら、どうすればいいですか。

内容2　認知症を正しく理解しましょう。

ウォーミングアップ

タイトル：解説

提示単語：

認知症（にんちしょう）　高齢者（こうれいしゃ）　予防（よぼう）　MCI　オレンジプラン　サポート

○ 次の問題を考えながら聞きましょう。

1. 認知症とはどんな病気ですか。
2. どうやって認知症を予防すればいいのか、まとめてください。
3. MCIとは、どういう状態ですか。
4. 認知症患者に対して、政府はどんな対策を講じていますか。
5. 認知症対策に関する問い合せ先はどこですか。電話番号は何番ですか。

内容3　人権を守れ！女性に対する暴力根絶

ウォーミングアップ

スタイル：対談

提示単語：

人権（じんけん）　根絶（こんぜつ）　飲み会（のみかい）　シンボルマーク　配偶者（はいぐうしゃ）　暴力振るう（ぼうりょくふるう）
人権侵害（じんけんしんがい）　味方（みかた）　セクハラ　ストーカー

○ 次の問題を考えながら聞きましょう。

1. 洋子さんは何についてレポートを書いていますか。
2. 平成17年の調査では、何パーセントの女性が夫や彼氏から暴力を受けていますか。
3. なぜ暴力を振るわれた女性が多いのですか。
4. 暴力を受けた時、どうしたらいいですか。
5. 「配偶者暴力防止法」では、どんなことが定められていますか。

内容4　風疹の感染に注意しましょう

ウォーミングアップ

タイトル：解説

提示単語：

風疹（ふうしん）ウイルス　　妊娠中女性（にんしんちゅうじょせい）　　先天性風疹症候群（せんてんせいふうしんしょうこうぐん）　　予防接種（よぼうせっしゅ）

○　次の問題を考えながら聞きましょう。

1. 風疹とはどんな病気ですか。
2. 平成24年の風疹患者数はどのぐらいですか。
3. 妊娠初期に風疹にかかると、赤ちゃんにどんな影響が出る恐れがありますか。
4. 風疹の予防に最も効果的なのは、何ですか。
5. 風疹の予防については、どこに問い合わせればいいですか。電話番号は何番ですか。

内容5　待機児童対策——「子ども・子育て支援新制度」が始まります

ウォーミングアップ

タイトル：解説

提示単語：

待機児童（たいきじどう）　　子育て支援新制度（こそだてしえんしんせいど）　　認定子ども園（にんていこどもえん）　　一時預かり（いちじあずかり）　　利用者支援（りようしゃしえん）

○　次の問題を考えながら聞きましょう。

1. 「子ども・子育て支援新制度」の目的は何ですか。
2. 男の人は今回の新制度の取組についてどのように紹介しましたか。
3. 「認定子ども園」はどんな特徴を持っていますか。
4. 急な用事や短期のパートタイム労働などで子どもを預かってほしい時は、どんな支援がありますか。
5. 「子ども・子育て支援新制度」についてのお問い合せ先はどこですか。電話番号は何番ですか。

内容6　お酒と健康問題を考える法律ができました

ウォーミングアップ

タイトル：解説

提示単語：

適量（てきりょう）　不適切（ふてきせつ）　健康障害（けんこうしょうがい）　アルコール健康障害対策基本法（けんこうしょうがいたいさくきほんほう）　百薬の長（ひゃくやく　ちょう）

○　次の問題を考えながら聞きましょう。

1. 男の人は、お酒にはどんなメリットがあると言っていますか。
2. 不適切な飲酒によって、どんな問題が起こりやすくなりますか。
3. お酒と健康問題を考える法律は何と言いますか。それはいつ施行されましたか。
4. 「アルコール関連問題啓発週間」はいつですか。どんなことが行われますか。
5. 「アルコール健康障害対策基本法」についてのお問い合せ先は、どこですか。電話番号は何番ですか。

第9課　健康に暮らしましょう(解説)

内容1　ボディーにも日焼け止め対策を

ウォーミングアップ

スタイル：解説
提示単語：
ボディー　　日焼け止め　　ガード　　首筋　　老化　　素肌　　ジェル
シート

○　次の問題を考えながら聞きましょう。
　1. 出かける時に、どこに日焼け止めを塗ることを提案していますか。
　2. 新しくできた日焼け止めのタイプはどれか、2つ選んでください。

メモ

1の選択肢
　a. 顔　　　　　　b. 顔と首　　　　c. 顔と手　　　　d. 顔とボディー
2の選択肢
　a. クリーム　　　b. ジェル　　　　c. シート　　　　d. パウダー

○ では、更に次の問題を意識しながらもう一度聞きましょう。
1. 日焼け止めがボディーに使いづらいのはなぜか、2つ選んでください。
2. 年齢が一番現れやすいところはどれか、2つ選んでください。

メモ

1の選択肢
 a. べたべたするから
 b. ふつうのボディーミルクよりずっと高いから
 c. 白く残るから
 d. 毛穴につまって、にきびの原因になるから

2の選択肢
 a. 顔　　　　b. 首　　　　c. 手　　　　d. 髪

○ もう一度聞いて、次の問題に答えましょう。
1. 紫外線について正しくないのはどれですか。
2. この放送で一番言いたいのはどれですか。

メモ

1の選択肢
 a. 温かくなると、紫外線の量もだんだん増えてきます。
 b. ちょっと出かけるなら、紫外線を浴びる時間が短いので皮膚に影響しません。
 c. 日本では年々紫外線の量が増えています。
 d. 紫外線はしみやしわなど、皮膚の老化に影響を与えています。

2の選択肢
 a. 顔だけでなく、ボディーにも日焼けの手入れをしてください。
 b. 地球温暖化のために紫外線が年々増えているので、日焼けによく注意してください。
 c. 女性は顔だけでなく、ボディーにも日常の手入れをちゃんとしなければなりません。
 d. はりのある白い肌を保つために夏の日焼け止めを重視しなければなりません。

第 9 課　健康に暮らしましょう（解説）

内容 2　シャンプー時にマッサージの習慣を

ウォーミングアップ

スタイル：解説

提示単語：

抜け毛（ぬけげ）　頭皮（とうひ）　皮脂腺（ひしせん）　分泌（ぶんぴつ）　毛穴（けあな）　妨げ（さまた）　育毛剤（いくもうざい）　毛根（もうこん）
血行（けっこう）　円錐形（えんすいけい）　ブラシ　頭蓋骨（ずがいこつ）

○　次の問題を考えながら聞きましょう。
1. 抜け毛対策には何が一番重要ですか。
2. 男性の皮脂の分泌が最も活発な時期はいつですか。

メモ

1 の選択肢
a. 睡眠　　　b. 食生活　　　c. お手入れ　　　d. 気持ち

2 の選択肢
a. 20 歳～30 歳　　b. 30 歳～40 歳　　c. 40 歳～50 歳　　d. 20 歳～50 歳

○　では、更に次の問題を意識しながらもう一度聞きましょう。
1. 髪の成長の妨げとなるものは何ですか。
2. マッサージには、どんなブラシを使ったらいいですか。

メモ

1 の選択肢
a. 皮脂　　　　　　　　　b. シャンプーのすすぎ残し
c. ブラシの刺激　　　　　d. 気持ち

2 の選択肢

 a. 洗髪のブラシ
 b. 毛先の細いブラシ
 c. 弾力性がある太い円錐形のブラシ
 d. 刺激があまり激しくないブラシ

○ もう一度聞いて、次の問題に答えましょう。
 1. 育毛剤を使う前に何をすれば効果的ですか。
 2. 内容と合っているものに○を、違っているものに×をつけてください。

メモ

1 の選択肢
 a. マッサージをします。
 b. 髪を短くします。
 c. 髪をきれいに洗います。
 d. 刺激の弱いものを食べます。

2 の選択肢
 a. (　　)抜け毛が気になる男性は、30代と40代では50％以上です。
 b. (　　)頭皮は、人体でもっとも皮脂の分泌の高い部分です。
 c. (　　)シャンプーで頭皮を清潔にするより、育毛剤の浸透がもっと重要です。
 d. (　　)男性も女性も抜け毛に対する意識が高まりつつあります。

内容3　すべすべ肌を保つには

ウォーミングアップ

スタイル:解説

提示単語:

すべすべ　角質層(かくしつそう)　バリア　痒み(かゆみ)　かぶれ　かさかさ　スキンケア

第9課　健康に暮らしましょう（解説）

○　次の問題を考えながら聞きましょう。
　　1. セラミドとは何ですか。
　　2. セラミドはどんな機能をするか、2つ選んでください。

メモ

1の選択肢
　　a. 皮膚の角質層の細胞　　　　　　　b. 細胞間脂質
　　c. 肌の最表層　　　　　　　　　　　d. 角質層の細胞の細胞質

2の選択肢
　　a. 外部刺激から皮膚を守ってくれます。
　　b. 毛穴を引き締めます。
　　c. 角質層の水分を保持します。
　　d. 皮脂の分泌を抑えます。

○　では、更に次の問題を意識しながらもう一度聞きましょう。
　　1. どんな人がセラミド不足になりやすいか、2つ選んでください。
　　2. セラミドを効果的に皮膚に浸透させるために、どうしたらいいですか。

メモ

1の選択肢
　　a. 子供　　　　　　　　　　　　　　b. よく化粧する女性
　　c. あまり皮膚の手入れをしない男性　　d. 中高年

2の選択肢
　　a. よく水で洗いながら、セラミドを補います。
　　b. 入浴後ローションやクリームでセラミドを補います。
　　c. 毎日薬を飲んでセラミドを補います。
　　d. 出かける際にクリームなどを多めに使います。

○ もう一度聞いて、次の問題に答えましょう。
1. 内容と合っているものに○を、違っているものに×をつけてください。
2. 美しい肌を保つためのあなたの対策を述べてみてください。

メモ

1の選択肢
a. (　) 春先は暖かいから、肌のトラブルが起こりやすくなります。
b. (　) セラミドは美しい肌を保つために欠くことのできないものです。
c. (　) かさかさの肌をすべすべの肌に変えるために、毎日セラミドを補わなければなりません。

2の答え：_____
_____

内容4　肌タイプ

ウォーミングアップ

スタイル：解説

提示単語：

かさつく　　荒れる　　みずみずしい　　見極める　　つや　　禁物
吹き出物

○ 次の問題を考えながら聞きましょう。
1. 肌質は何によって4つのタイプに分類されますか。
2. 例のように肌のタイプを書いてください。

メモ

第9課　健康に暮らしましょう（解説）

1の選択肢
　a. 肌の色　　　　　　　　　　b. しわ、しみなど
　c. 油のバランス　　　　　　　d. 肌の触感

2の答え
　例　N肌──（ノーマルスキン）
　a. O肌──（　　　　　）
　b. D肌──（　　　　　）
　c. DO肌──（　　　　　）

○　では、更に次の問題を意識しながらもう一度聞きましょう。
　1. 4つのタイプの中で一番理想的な肌はどれですか。
　2. 温度や湿度、季節の変化に微妙に左右されやすい肌はどれですか。

メモ

1の選択肢
　a. N肌　　　　b. O肌　　　　c. D肌　　　　d. DO肌
2の選択肢
　a. N肌　　　　b. O肌　　　　c. D肌　　　　d. DO肌

○　もう一度聞いて、次の問題に答えましょう。
　1. 内容と合っているものに○を、違っているものに×をつけてください。
　2. あなたの肌はどんなタイプですか。チェックしてみてください。

メモ

1の選択肢
　a. （　　）一番変化しやすいのはDO肌です。
　b. （　　）N肌は洗顔後すぐにお手入れをしないでいると頬が突っ張りますが、かさつくほどではありません。

c. (　　)O肌だけがべたつきやすいです。
d. (　　)D肌は冬は気温や湿度の低下によって肌の潤いが不足していますが、夏は冷房があれば大丈夫です。

2の答え：_____
_____

内容5　肌のお手入れ

ウォーミングアップ

スタイル：解説
提示単語：

スリーステップ　　健(すこ)やか　　洗浄力(せんじょうりょく)　　過剰(かじょう)　　Ｔゾーン(ティー)　　収斂(しゅうれん)
新陳代謝(しんちんたいしゃ)

○ 次の問題を考えながら聞きましょう。
1. スリーステップはどれですか。
2. Ｔゾーン専用の剥がすタイプのパックを使うといい肌はどれですか。

メモ

1の選択肢

a. メイク落とし→洗顔→乳液
b. 洗顔→化粧水→乳液
c. 洗顔→マスク→美容液
d. メイク落とし→マッサージクリーム→マスク

2の選択肢

a. N肌　　　　　　　　　　　b. O肌
c. D肌　　　　　　　　　　　d. DO肌

第9課　健康に暮らしましょう（解説）

○　では、更に次の問題を意識しながらもう一度聞きましょう。
1. 洗浄力の高い洗顔料で洗ったらいい肌はどれか、2つ選んでください。
2. 保湿効果にすぐれた化粧水を使ったらいい肌はどれか、2つ選んでください。

メモ

1の選択肢
a. N肌　　　　　　　　　　　b. O肌
c. D肌　　　　　　　　　　　d. DO肌

2の選択肢
a. N肌　　　　　　　　　　　b. O肌
c. D肌　　　　　　　　　　　d. DO肌

○　もう一度聞いて、次の問題に答えましょう。
1. 内容と合っているものに○を、違っているものに×をつけてください。
2. あなたの肌にあわせて、今後のスキンケアの計画を言ってみてください。

メモ

1の選択肢
a. (　　　)D肌でも皮脂を十分に取って、きれいに洗わなければいけません。
b. (　　　)N肌は油と水分のバランスがいいので、あまりお手入れに注意しなくてもいいです。
c. (　　　)O肌には収斂化粧水のほうが合います。
d. (　　　)D肌の方はマッサージして血行をよくするべきです。

2の答え：＿＿＿＿＿＿＿＿＿＿＿＿＿＿＿＿＿＿＿＿＿＿＿＿＿＿＿＿＿＿＿
　　　　　＿＿＿＿＿＿＿＿＿＿＿＿＿＿＿＿＿＿＿＿＿＿＿＿＿＿＿＿＿＿＿

内容6　エコノミー・クラス症候群

> ウォーミングアップ
>
> スタイル：解説
> 提示単語：
>
> エコノミー・クラス　　症候群（しょうこうぐん）　　深部静脈（しんぶじょうみゃく）　　血栓症（けっせんしょう）　　肺塞栓症（はいそくせんしょう）
> 安静（あんせい）　　臥床（がしょう）　　淀む（よどむ）　　帝王切開（ていおうせっかい）　　冠婚葬祭（かんこんそうさい）

○　次の問題を考えながら聞きましょう。

1. エコノミー・クラス症候群について正しくないのはどれですか。
2. 足にできた血栓が肺動脈に詰まるまでには、どのぐらいかかりますか。

メモ

1の選択肢

a. 旅行者血栓症とも呼ばれています。
b. 長時間の飛行が原因で起こる病気です。
c. 深部静脈血栓症の1つに分類されています。
d. 体の深いところにある静脈に血液のかたまりが詰って起こる病気です。

2の選択肢

a. 2、3秒　　　　b. 5、6秒　　　　c. 23秒　　　　d. 30秒

○　では、更に次の問題を意識しながらもう一度聞きましょう。

1. 深部静脈血栓症にはどんな症状があるか、2つ選んでください。
2. 深部静脈血栓症を防ぐためにはどうしたらいいか、2つ選んでください。

メモ

第9課　健康に暮らしましょう（解説）

1 の選択肢
   a. 足がむくんで痛いです。　　　　　　b. 立ち上がれなくなります。
   c. 足が赤くて熱っぽいです。　　　　　　d. 肺が痛くて呼吸できなくなります。

2 の選択肢
   a. 長時間同じ姿勢をしないこと
   b. 飛行機に乗ってもエコノミークラスにしないこと
   c. 楽な服を着て飛行機に乗ること
   d. あまり寝すぎないように注意すること

○　もう一度聞いて、次の問題に答えましょう。
　　内容と合っているものに○を、違っているものに×をつけてください。

メモ

選択肢
a. （　　）深部静脈血栓症を起こす大きな原因は安静臥床です。
b. （　　）女性は帝王切開のあといつも血栓が起こります。
c. （　　）飛行機を降りてすぐ動き始めてはいけません。
d. （　　）血液は肺動脈に入って酸素を取り込みます。
e. （　　）足の静脈にできた大きな血栓は心臓に詰まって、心臓血栓症を起こします。

内容 7　つぼ刺激

ウォーミングアップ

スタイル：解説
提示単語：

リラックス　　つぼ　　体勢(たいせい)　　背筋(せすじ)　　眉(まゆ)じり　　こめかみ　　肩井(けんせい)　　肘(ひじ)
内踝(うちくるぶし)

その1

○ 次の問題を考えながら聞きましょう。
1. これから何をしますか。
2. 正しい姿勢はどれですか。

メモ

1の選択肢
a. 体を動かします。
b. つぼ刺激を体験します。
c. 椅子に座ってマッサージをします。

2の選択肢
a. 背筋を伸ばさずに、椅子に深く座ります。
b. 背筋を伸ばして、椅子に深く座ります。
c. 背筋を伸ばして、椅子に浅く座ります。
d. 背筋を伸ばさずに、浅く椅子に座ります。

○ では、もう一度聞いて、一緒にやってみましょう。

その2

○ 次の問題を考えながら聞きましょう。
1. こめかみはどこにありますか。
2. どのようにしますか。

メモ

1 の選択肢
  a. 眉じりと目じりの真ん中から外側に 1.5 センチのところ
  b. 眉じりと目じりの真ん中から内側に 1.5 センチのところ
  c. 眉毛と目の間
  d. 眉じりと目じりの間

2 の選択肢
  a. 両手の中指を左右のこめかみに当てて頭を下げたり、上げたりします。
  b. 両手の中指を左右のこめかみに当てて、頭を右に倒したり、左に倒したりします。
  c. 両手の中指を左右のこめかみに当てて、1、2、3 と数えながら、息を吐きます。
  d. 両手の中指を左右のこめかみに当てて、4、5、6 と数えながら、息を吐きます。

○ では、更に次の問題を意識しながらもう一度聞きましょう。
  1. この動作をする際、呼吸はどうしますか。
  2. このつぼは何に効きますか。

メモ

1 の選択肢
  a. 息を吸います。   b. 息を吐きます。
  c. 息を止めます。   d. 普通に呼吸します。

2 の選択肢
  a. 頭痛に効きます。   b. 目の疲れに効きます。
  c. 風邪の予防に効きます。   d. 頭痛や目の疲れに効きます。

○ では、もう一度聞いて、一緒にやってみましょう。

その 3

○ 次の問題を考えながら聞きましょう。
  1. 肩井というつぼは体のどのへんにありますか。
  2. どのようにしますか。

メモ

1 の選択肢
  a. 肘のあたり   b. 胸のあたり
  c. 肩の上のあたり   d. 中指の先

2 の選択肢
  a. 肩井を中指で押さえます。
  b. 首筋を伸ばして傾けます。
  c. 右肘を胸につけて押きえます。
  d. 左右の肩井を同時に押しながら、頭を左右に傾けます。

○ では、更に次の問題を意識しながらもう一度聞きましょう。
　肩井を刺激すると何に効きますか。

メモ

選択肢
  a. 頭痛に効きます。
  b. 肩こりに効きます。
  c. 目の疲れに効きます。

○ では、もう一度聞いて、一緒にやってみましょう。

その4

○ 次の問題を考えながら聞きましょう。
  1. 三陰交のおよその位置はどこですか。
  2. どのようにしますか。

メモ

1 の選択肢
  a. 足の内踝から、上約6センチぐらいのところ
  b. 足の内踝から、下約6センチぐらいのところ
  c. 足の内踝のてっぺんのところ

2 の選択肢
  a. 息を吐きながら、親指でゆっくり押します。
  b. 息を吸いながら、親指で強く押します。
  c. 息を吐きながら、親指で速く押します。

○　では、更に次の問題を意識しながらもう一度聞きましょう。
   三陰交はどんな時に効きますか。

メモ

選択肢
a. 足が痛い時
b. 気持ちが悪い時
c. 足の冷えている時や生理不順、生理痛の時
d. 吐きたい時

○　では、もう一度聞いて、一緒にやってみましょう。

内容8　リラクゼーション

ウォーミングアップ

スタイル：解説
提示単語：
リフレッシュ　　生花(せいか)　　オブジェ　　ポプリ　　リース　　ルームコロン
ラベンダー　　ヒーリング効果(こうか)　　せせらぎ

その1

○　次の問題を考えながら聞きましょう。

1. この人は何について話していますか。
2. 五感の動詞を(　　)に書き入れてください。

メモ

1の選択肢
 a. 音楽を聴くことについて
 b. 肌を潤すことについて
 c. 体と心を潤すことについて
 d. 香りを工夫することについて

2の答え
 a. よい香りを(　　)
 b. 好きな音楽を(　　)
 c. おいしいものを(　　)
 d. 自分の肌に(　　)
 e. 美しい景色を(　　)

○　では、更に次の問題を意識しながらもう一度聞きましょう。
　　（　　）に適当な言葉を書き入れてください。

メモ

答え
　　五感に心地よい（　　　　　）を与えることは、疲れや（　　　　　　）を和らげたり、気持ちを（　　　　　）のにとても（　　　　　　）です。

○　もう一度聞いて、確認しましょう。

その2

○　次の問題を考えながら聞きましょう。
　　1. どこに置く香りについて話していますか。
　　2. どんな生花が一番いいですか。

メモ

1の選択肢
　　a. 居間　　　　　　　　　　　　b. 玄関
　　c. 応接間　　　　　　　　　　　d. 寝室
2の選択肢
　　a. 香りの高い生花　　　　　　　b. 香りがあまり高くない生花

○　では、更に次の問題を意識しながらもう一度聞きましょう。
　　（　　）に適当な言葉を書き入れてください。

メモ

答え
　最近では、おしゃれな（　　　　　　）としても活用できる花や果物の形をした（　　　　　）、（　　　　　）なども玄関先に多く見かけるようになりました。そのほか香りの（　　　　　）、（　　　　　）も生花に近い香りが増えています。

○　もう一度聞いて、確認しましょう。

その3

○　次の問題を考えながら聞きましょう。
　　石鹸を選ぶ時、心がけてほしいことは何ですか。

メモ

選択肢
a. 汚れを落とす力
b. 気分がよくなる香り
c. 汚れを落とす力と香り

○　では、更に次の問題を意識しながらもう一度聞きましょう。
　　1. 気持ちを活気付けるには、何がいいですか。
　　2. リラックスするには、何の香りがいいですか。

メモ

1の選択肢
　a. レモン・ローズマリー・ラベンダー
　b. レモン・ローズマリー・ペパーミント
　c. レモン・ローズマリー・バラ

2の選択肢
　a. ラベンダー・バラの香り
　b. ラベンダー・ローズマリーの香り
　c. ラベンダー・ペパーミントの香り

○　もう一度聞いて、確認しましょう。

その4

○　次の問題を考えながら聞きましょう。
　1. 眠りを誘うものはどれですか。
　2. この香りはどこにおけばいいですか。

メモ

1の選択肢
　a. 薄い布袋の枕
　b. ラベンダー・バラの香り
　c. クリーム・乳液の香り

2の選択肢
　a. 枕元　　　　　b. 窓辺　　　　　c. 机の上

○　では、もう一度聞いて、次の問題に答えましょう。
　　内容と合っているものに○を、違っているものに×をつけてください。

メモ

選択肢
a. (　　) ラベンダーやバラの香りはリラックスさせる香りです。
b. (　　) 香りのポプリがそのまま枕になったものがあります。

c. (　　)優しい香りの入浴剤で全身マッサージすると、よく眠れます。
d. (　　)優しい香りは眠りまでの一時を豊かな気持ちにしてくれます。

○　もう一度聞いて、確認しましょう。

その5

○　次の問題を考えながら聞きましょう。
1. 何について話していますか。
2. どんなCDが出ているでしょうか。

メモ

1の選択肢
 a. 音楽と食事の美容効果について
 b. 香りと睡眠の美容効果について
 c. 気持ちとスキンケアの美容効果について

2の選択肢
 a. 音楽家が作曲している音楽
 b. 自然の音で作られている音楽
 c. 人間の体が持っている揺らぎと一致している音楽

○　では、更に次の問題を意識しながらもう一度聞きましょう。
　　(　　)に適当な言葉を書き入れてください。

メモ

答え
① 小川の(　　　　　)、(　　　　　)の声、鳥の(　　　　　)、森林で感じる(　　　　　)、すべてがこの揺らぎを持っています。

② (　　　　)を使うのも食欲を増進させます。1日3食よく(　　　　　)、ゆっくり食べるように心がけましょう。余分な(　　　　　)を増やしにくい方法だそうです。

○　もう一度聞いて、確認しましょう。

課外でチャレンジしましょう

内容1　取っておき　薬になる食べ物　食べ方1

ウォーミングアップ

スタイル：解説

提示単語：
幻想（げんそう）　貧血（ひんけつ）　繊維（せんい）　動脈硬化（どうみゃくこうか）　宝庫（ほうこ）

○　次の問題を考えながら聞きましょう。
1. 生野菜サラダを食べるときに、どんなことに注意したらいいと言っていますか。
2. 生野菜サラダ幻想というのは何ですか。
3. ビタミンCにはどんな効果がありますか。
4. 食物繊維が豊富で、しかも生でも食べやすいのは何ですか。

内容2　ダイエット

ウォーミングアップ

スタイル：インタビュー

提示単語：
クリニック　月経（げっけい）　豊満（ほうまん）　体重減少（たいじゅうげんしょう）性無月経（せいむげっけい）

○　次の問題を考えながら聞きましょう。
1. アフリカから来たその女性は痩せていますか。

2. 女性患者の多くはダイエットのためどうなりましたか。
3. 象さんの物語はどういう意味ですか。
4. 月経が止まった理由は何ですか。

内容3　アロマセラピー　花粉症

ウォーミングアップ

スタイル:インタビュー
提示単語:
アロマセラピー　　スタジオ　　ミックス　　殺菌効果(さっきんこうか)　　ネロリ　　ティテリー
ユーカリ

○ 次の問題を考えながら聞きましょう。
1. ティテリーとユーカリにはどんな効果がありますか。
2. 日本では、花粉症を引き起こす花粉は何の木の花粉ですか。
3. 花粉症にはどんな症状がありますか。
4. 一般的な対策は何ですか。
5. 花粉が身体に触れないようにするには、どんなことをしたらいいですか。
6. 花粉が舞いあがらないように、掃除する時、どんなことをしたほうがいいですか。
7. 抗アレルギーの薬のよくない点は何ですか。
8. 薬以外の方法は何ですか。
9. アロマセラピーでは、具体的にどうしますか。
10. ティテリーを内服する場合の注意事項は何ですか。

第10課　ショートストーリー(朗読)

内容1　28分間

ウォーミングアップ

スタイル：朗読

登場人物：美樹　彼氏

提示単語：
長距離恋愛（ちょうきょりれんあい）　絞り出す（しぼりだす）　本心（ほんしん）　疑心暗鬼（ぎしんあんき）　下車（げしゃ）　冷え込む（ひえこむ）
キヨスク　シャッター　きらめく　控えめ（ひかえめ）　あさはか

○　次の問題を考えながら聞きましょう。

1. 女の人は今どこにいますか。
2. 男の人はどこからどこに転職しましたか。
3. 男の人は今度どこからどこへ出張しますか。

メモ

1の選択肢
 a. 東京　　　　　b. 大阪　　　　　c. 名古屋

2の選択肢
 a. 大阪から東京に転職しました。　　b. 東京から大阪に転職しました。

159

c. 名古屋から大阪に転職しました。　　d. 名古屋から東京に転職しました。

3の選択肢

　　a. 名古屋から大阪へ。　　　　　　　b. 大阪から東京へ。
　　c. 東京から大阪へ。　　　　　　　　d. 大阪から名古屋へ。

○　では、更に次の問題を意識しながらもう一度聞きましょう。

　　1. この物語が発生した季節はいつですか。
　　2. 女の人はどうして男の人を信じなくなったのですか。
　　3. 女の人はどうしてまた男の人を信じるようになったのですか。

メモ

1の選択肢

　　a. 春　　　　　　b. 夏　　　　　　c. 秋　　　　　　d. 冬

2の選択肢

　　a. 彼が転職したから
　　b. デートがなくなったから
　　c. 出張が多くなったから
　　d. 連絡が少なくなったから

3の選択肢

　　a. 自分に会いたいというメールをもらったから
　　b. 彼の気持ちが分ったから
　　c. 誰よりも早く飛び出してきた彼の表情を見たから
　　d. 自分を抱いてくれた彼の暖かさを感じたから

○　もう一度聞いて、次の問題に答えましょう。

　　1. 28分間というのはいつからいつまでですか。
　　2. 次の(　　)に言葉を書き込み、その意味を推測して中国語で書いてください。

メモ

1の答え：＿＿＿＿＿＿＿＿から＿＿＿＿＿＿＿＿まで

2の答え

a. 絞り出すような彼の声は、本心だと信じたかったけれど、(　　　)に取り付かれていた私はどうしても素直になれず…

意味：＿＿＿＿＿＿＿

b. すっかり(　　　)駅のホームは、キヨスクもシャッターを閉め、静かな夜に包まれている。

意味：＿＿＿＿＿＿＿

c. 恋人が口にする「仕事が忙しい」を「もうそれほど好きじゃない」と同じ意味だと思うのは、愚かで(　　　)だと悟るのには十分な時間だった。

意味：＿＿＿＿＿＿＿

内容2　現在・過去・未来

ウォーミングアップ

スタイル：朗読

登場人物：知香　美咲

提示単語：

| 察(さっ)する | 視線(しせん) | 同棲(どうせい) | ロマンチック | アイスティー | 噴出(ふきだ)す |
| 誤魔化(ごまか)す | 愚痴(ぐち) | うっとり | 浸(ひた)る | 溶(と)ける |

○　次の問題を考えながら聞きましょう。

1. 知香は今どんな生活をしていますか。
2. 知香はいつのことばかり考えていますか。
3. 美咲は知香の話をどう思いますか。

メモ

1 の選択肢

  a. 幸せな結婚生活をしています。

  b. 苦しい結婚生活をしています。

  c. 余裕のある結婚生活をしています。

  d. 自由な結婚生活をしています。

2 の選択肢

  a. 過去のこと　　　　　b. 現在のこと　　　　　c. 未来のこと

3 の選択肢

  a. 同感です。　　　　　　　　　　b. 理解できます。

  c. 同意しかねます。　　　　　　　d. 反対です。

○ では、更に次の問題を意識しながらもう一度聞きましょう。

  1. 知香はどうして自分の結婚を失敗だと思ったのですか。

  2. 知香はどうして昔の彼と別れたのですか。

  3. 知香はどうして今の夫を選んだのですか。

メモ

1 の選択肢

  a. 夫の収入が少ないから

  b. 今住んだ部屋が狭いから

  c. 今の生活が不自由だから

  d. お母さんと一緒に住むのが嫌だから

2 の選択肢

  a. ロマンチックではないから

  b. 自立していないから

  c. 何でもお母さんが言ったとおりにするから

  d. 結婚できるかどうか不安に思ったから

3 の選択肢

  a. いい仕事があるから

  b. ロマンチックだから

c. 自立しているから
d. 結婚してくれるから

○ もう一度聞いて、次の問題に答えましょう。
1. 昔の彼はどこがよくて、どこがよくないですか。今の夫はどこがよくて、どこがよくないですか。それぞれ2つずつ書いてください。
2. 内容と合っているものに○を、違っているものに×をつけてください。

メモ

1の答え

	良い所	良くない所
昔の彼	① ②	① ②
今の夫	① ②	① ②

2の選択肢

a. (　) 知香話し中、いつも私と美咲の同意を求めています。
b. (　) 知香は同棲しでた彼と別れて、後悔しています。
c. (　) 知香はお金のことで昔の彼と喧嘩したことがありません。
d. (　) 過去ではなく、未来を見るべまだと私は思っています。
e. (　) 昔の彼はお金のことでけんかするたびに、知香に花を贈ったのです。

内容3　理想の女

ウォーミングアップ

スタイル:朗読

登場人物:ことみ　聡(彼氏)

提示単語:
着込む　張り詰める　すべらか　ふっくら　アプローチ　おろおろ
うなずく　嵌る

○　次の問題を考えながら聞きましょう。

1. 「俺」にとって理想の女はどんな様子ですか。
2. 初めて会ったことみはどんなスタイルでしたか。
3. 今のことみはどんなスタイルですか。

メモ

1の選択肢

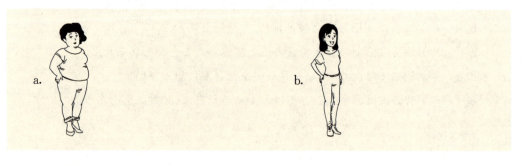

2の選択肢

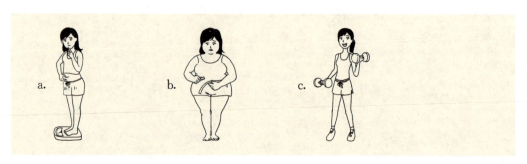

3 の選択肢

○ では、更に次の問題を意識しながらもう一度聞きましょう。
1. ことみを理想の女に変えるために「俺」は何をしましたか。
2. 「俺」が贈った指輪のサイズは、どうしてその時のことみのサイズとかなり違っていたのですか。
3. 交際を始めてから理想の女に変わるまで、どのぐらいかかりましたか。

メモ

1 の選択肢
a. 料理をたくさん食べさせました。
b. 満員の通勤電車に乗らせました。
c. プレゼントをたくさん贈りました。
d. 指輪を贈りました。

2 の選択肢
a. 実はことみと結婚したくなかったから
b. ことみのサイズが分からなかったから
c. ことみのサイズを指輪のサイズに変えてほしかったから
d. ことみのサイズが変わる可能性があったから

3 の選択肢
a. 2ヶ月かかりました。　　b. 3ヶ月かかりました。
c. 6ヶ月かかりました。　　d. 9ヶ月かかりました。

○ もう一度聞いて、次の問題に答えましょう。
1. 内容と合っているものに○を、違っているものに×をつけてください。
2. 次の(　)に言葉を書ま込み、その意味も推測して、中國語で書いてくたさい。

メモ

1の選択肢
a. (　) ことみと初めて会ったのは友人の誕生日パーティーでした。
b. (　) 「俺」がことみを変えようと決心したのは、以前のことみが可愛くなかったからです。
c. (　) 「俺」は理想の女になったことみに指輪を贈りました。
d. (　) 「俺」の理想の女になるために、ことみは2ヶ月外に出ていません。
e. (　) 二人の好きなのは牧師を呼んで部屋で式を挙げることです。

2の答え
a. 俺の積極的な(　　　)に赤くなって、おろおろしていることみは…
　意味：＿＿＿＿＿＿＿＿＿＿＿＿
b. そんな(　　　)があって、ことみはだんだん俺好みの女に変わっていった。
　意味：＿＿＿＿＿＿＿＿＿＿＿＿

内容4　渋滞

ウォーミングアップ

スタイル：朗読
登場人物：良子(奥さん)　孝雄(主人)　子供たち
提示単語：

うんざり　　のろのろ　　せがむ　　汗(あせ)ばむ　　水筒(すいとう)　　案(あん)の定(じょう)
サービスエリア　　ちらりと　　ハンドル　　むっと　　すんなり
差(さ)し掛かる　　恨(うら)めしい　　ドライブイン　　ぐっすり　　理不尽(りふじん)　　伸びやか
ボーカル　　ヒット　　遠出(とおで)　　スピーディー　　ぬくもり

第10課　ショートストーリー（朗読）

その1

○　次の問題を考えながら聞きましょう。
　　1. 良子さんたちはどこへ行きますか。
　　2. 良子さんたちが出かける日はいつだと思いますか。
　　3. 良子さんは孝雄さんにどんな気持を持っていますか。

メモ

1 の選択肢
　a. テーマパーク　　　　　　　b. 山
　c. 海　　　　　　　　　　　　d. 動物園

2 の選択肢
　a. 子供の日　　　　　　　　　b. 週末
　c. ゴールデンウィーク　　　　d. 夏休み

3 の選択肢
　a. ありがたい気持ち　　　　　b. 後ろめたい気持ち
　c. 愉快な気持ち　　　　　　　d. 責める気持ち

○　では、更に次の問題を意識しながらもう一度聞きましょう。
　　1. 良子さんたちは準備不足の原因は何ですか。
　　2. 良子たちは目的地でできないことは何ですか。

メモ

1 の選択肢
　a. こんなに時間がかかるとは思わなかったこと
　b. こんなに暑いとは思わなかったこと
　c. 今日遊びに行けるとは思わなかったこと

  d. 夫が行けるとは思わなかったこと

2. a. 動物に直接触れること   b. 動物の上に乗ること
  c. 動物に餌をやること   d. 動物と写真を撮ること

○ もう一度聞いて、次の問題に答えましょう。
 1. 内容と合っているものに○を、違っているものに×をつけてください。
 2. 次の(　　)に言葉を書き込み、その意味も推測して中国語で書いて下さい。

メモ

1の選択肢
 a. (　　) ワンダーアニマルランドは去年オープンしたばかりです。
 b. (　　) 目的地では、子供たちが様々な動物に直接触れたり上に乗ったりすることができます。
 c. (　　) 暑いからサービスエリアで買ったお茶はすぐなくなりました。
 d. (　　) 子供たちはお母さんの隣に座っていました。
 e. (　　) 妻の良子は文句を言っていましたが、夫の孝雄はずっと黙っていました。

2の答え
 a. 何度となく行きたいとせがむ子供たちにようやく孝雄が(　　)のはいいのだが、…
  意味：＿＿＿＿＿＿＿
 b.「ママ、のど渇いたよ。」「私も何か飲みたい。」(　　)、子供たちの合唱が後部座席から響いてまた。
  意味：＿＿＿＿＿＿＿

その2

○ 次の問題を考えながら聞きましょう。
 1. 良子さんたちはいつ目的地に着きましたか。
 2. 良子さんの気持ちは結局、どうなりましたか。
 3. 良子さんの気持が変わったきっかけは何ですか。

第10課　ショートストーリー（朗読）

メモ

1の選択肢
a. 午前
b. お昼ごろ
c. 午後
d. 夕方

2の選択肢
a. 悔しくなりました。
b. 憎らしくなりました。
c. 煩わしくなりました。
d. ありがたくなりました。

3の選択肢
a. 交通渋滞に遭ったこと
b. 孝雄の我慢が限界に達したこと
c. 女性ボーカルの声が聞こえたこと
d. 子供たちが眠ってしまったこと

○　では、更に次の問題を意識しながらもう一度聞きましょう。
　　1. 良子さんたちはどの列に並びましたか。3つ選んでください。
　　2. 妻の文句に対して、孝雄さんはどういうふうに対応しましたか。

メモ

1の選択肢
a. チケット売り場
b. アイスクリーム売り場
c. お茶売り場
d. 弁当売り場
e. アトラクション

2の選択肢
a. ずっと我慢していました。
b. 良子さんと喧嘩していました。
c. 良子さんを慰めました。
d. 良子さんに音楽を聞かせました。

○　もう一度聞いて、次の問題に答えましょう。
　　1. 内容と合っているものに○を、違っているものに×をつけてください。

169

2. 次の(　)に言葉を書き込み、その意味を推測して中国語で書いてください。

メモ

1 の選択肢
a. (　　) 良子さんたちは帰る前に食事をしませんでした。
b. (　　) 良子夫婦は、FMから流れてきた歌を恋人だった時にも聞いたことがあります。
c. (　　) 良子夫婦は恋人だった時よく遠出しました。
d. (　　) 渋滞のため、良子たちは高速道路を降りて一般道路を走っていました。
e. (　　) 良子さんたちが家に着くのは、夜になります。

2 の答え
a. 時々襲う強い眠気と戦っていると、無表情のまま運転を続ける孝雄が憎らしくさえ思ってきて(　　　)したくなる。
意味：＿＿＿＿＿＿＿

b. 毎年毎年込んでいるんだから、もう1本道路を作るとか、道幅を広くするとか、(　　　)ようがあるんじゃないかしら。
意味：＿＿＿＿＿＿＿

c. 素直に目を閉じた良子の耳に女性ボーカルの声が心地よく響き、右手からは、大きな手の(　　　)が伝わってきた。
意味：＿＿＿＿＿＿＿

課外でチャレンジしましょう

刺激

ウォーミングアップ

スタイル：朗読
登場人物：短大の同級生
提示単語：

ミニスカート　　ぱっと　　杏仁豆腐(あんにんどうふ)　　おとなしやか　　キャリア
アレンジ　　優雅(ゆうが)　　新築(しんちく)　　ガーデニング　　老舗(しにせ)　　躾(しつけ)　　嫁ぐ(とつぐ)
熱望(ねつぼう)　　ピカピカ　　パワフル　　ささっと　　マイホーム

○　次の問題を考えながら聞きましょう。

1. 「しげき」は漢字で何と書きますか。
2. みんなはいつ知り合ったのですか。
3. どんな仲間ですか。
4. みんなの主な話題は何ですか。

第11課　東京暮し相談
（クエスチョンとアンサー）

内容1　商品が届かない、ネットオークションのトラブル

ウォーミングアップ

スタイル：クエスチョンとアンサー

提示単語：

ネットオークション　落札（らくさつ）　出品者（しゅっぴんしゃ）　退会処分（たいかいしょぶん）　入札（にゅうさつ）　誹謗中傷（ひぼうちゅうしょう）
民事調停（みんじちょうてい）　小額訴訟（しょうがくそしょう）　関与（かんよ）

○　次の問題を考えながら聞きましょう。

1. 指輪を買った人はどんなトラブルに遭いましたか。
2. トラブルが起こった場合、どうやって解決するか、2つ選んでください。

メモ

1の選択肢
 a. 指輪のサイズが合わないこと　　b. 指輪が届かないこと
 c. 指輪の値段が高いこと　　　　　d. 出品者の態度が悪いこと

2の選択肢
 a. 警察に相談します。
 b. 消費生活センターに相談します。

c. オークションの主催者に関与してもらいます。
　　d. 評価欄で出品者を叱ります。

○　では、更に次の問題を意識しながらもう一度聞きましょう。
　　1. ネットオークションではどんなトラブルが起こりやすいか、3つ選んでください。
　　2. オークションの主催者は犯罪防止のためにどんな対応をするか、3つ選んでください。

メモ

1の選択肢
　a. 出品者と連絡が取れないこと
　b. 商品が汚れていたりすること
　c. 利用者が互いに誹謗中傷すること
　d. 入札の最高値の人が購入権を獲得すること

2の選択肢
　a. 登録を有料化すること　　　　　b. 本人確認を厳格にすること
　c. トラブルに関与すること　　　　d. 損害保険をつけること

○　もう一度聞いて、次の問題に答えましょう。
　　1. 内容と合っているものに〇を、違っているものに×をつけてください。
　　2. 消費者はネットオークションを利用するとき、どんな注意が必要か、3つ選んでください。

メモ

1の選択肢
　a. (　　)ネット上の取引は、相手が事業者でも、個人でも訪問販売法の規制を受けます。
　b. (　　)出品した品物がもともと存在しなければ、詐欺の疑いもあります。

2 の選択肢

　　a. 信用のおけるサイトを選ぶこと
　　b. 品物の状態を確認すること
　　c. 取引条件や相手の個人情報を確認すること
　　d. 品物が届いても、代金を払わないこと

内容 2　通信販売でカメオが格安？ その事業者は信用できますか

ウォーミングアップ

スタイル：クエスチョンとアンサー

提示単語：
通信販売（つうしんはんばい）　返品（へんぴん）　代引き配達（だいびきはいたつ）　チラシ広告（こうこく）　返品特約（へんぴんとくやく）　郵便局留め（ゆうびんきょくどめ）
返送（へんそう）　誇大広告（こだいこうこく）　差出人（さしだしにん）

○　次の問題を考えながら聞きましょう。
　1. カメオを買った人はどんなトラブルに遭いましたか。
　2. このトラブルは結局どうなったか、2つ選んでください。

メモ

1 の選択肢

　　a. カメオが届いていないこと
　　b. カメオが壊れていること
　　c. カメオは広告ほどいいものではないこと
　　d. カメオの値段が高くなったこと

2 の選択肢

　　a. 商品は販売会社に返送されました。
　　b. 商品は消費者に返送されました。
　　c. 支払ったお金は販売会社に渡りました。
　　d. 支払ったお金は消費者に戻りました。

第11課　東京暮し相談（クエスチョンとアンサー）

○　では、更に次の問題を意識しながらもう一度聞きましょう。
　　1. 遠距離取引が4つ挙げられています。それを書いてください。
　　2. カメオが返品できなかったのはどうしてですか。

メモ

1 の答え
　a. ＿＿＿＿＿＿＿＿　　　　　　　　b. ＿＿＿＿＿＿＿＿
　c. ＿＿＿＿＿＿＿＿　　　　　　　　d. ＿＿＿＿＿＿＿＿

2 の選択肢
　a. 返品特約が付いていなかったから
　b. 返品期間をオーバーしたから
　c. 販売会社に連絡が取れなかったから
　d. 消費者が払ったお金をもらっていなかったから

○　もう一度聞いて、次の問題に答えましょう。
　　内容と合っているものに○を、違っているものに×をつけてください。

メモ

選択肢
a. （　　）買ったカメオは値段のわりには質が良かったです。
b. （　　）カメオは普通高いものが多いです。
c. （　　）代引き配達とは商品を受け取る時に、代金を支払う方法です。
d. （　　）通信販売では事業者の所在不明などの被害がよくあります。

内容3　副業のはずが、結局パソコンを買わされるだけかも。内職商法に法規制

ウォーミングアップ

スタイル：クエスチョンとアンサー

提示単語：
副業（ふくぎょう）　折込チラシ（おりこみ）　分割払い（ぶんかつばらい）　内職商法（ないしょくしょうほう）　前払い金（まえばらいきん）　訪問販売法（ほうもんはんばいほう）
特定商取引法（とくていしょうとりひきほう）　業務提供誘引（ぎょうむていきょうゆういん）　クーリング・オフ

○ 次の問題を考えながら聞きましょう。

1. この放送は何についてですか。
2. この求人広告に応募した人は結局どうなりましたか。
3. 訪問販売法はいつ改正されましたか。

メモ

1の選択肢
- a. 内職の利点について
- b. 内職のトラブルについて
- c. 内職の収入について
- d. 内職の斡旋について

2の選択肢
- a. 月収20万の仕事をもらいました。
- b. 面接試験に合格できませんでした。
- c. パソコンなどの購入契約をさせられました。
- d. 専門的な知識を教えてもらいました。

3の選択肢
- a. 2001年6月1日
- b. 2001年6月20日

○ では、更に次の問題を意識しながらもう一度聞きましょう。

1. 内職に関する主なトラブルはどんなことか、3つ選んでください。
2. 内職の契約をする時、どんな点に注意が必要か、2つ選んでください。

第11課　東京暮し相談（クエスチョンとアンサー）

メモ

1の選択肢
a. 内職で勧誘され、購入契約をさせられること
b. 面接試験が難しくて合格できないこと
c. 仕事を紹介してもらえないこと
d. 自分で専門知識を勉強しなければならないこと

2の選択肢
a. いつ仕事を紹介してくれるのかという点
b. 講習や試験があるかないかという点
c. 高額な負担があるかないかという点
d. 前払い金があるかないかという点

○　もう一度聞いて、次の問題に答えましょう。
　　内容と合っているものに〇を、違っているものに×をつけてください。

メモ

選択肢
a. (　　) 事例の人はチラシの仕事にとても興味を持っていたので、営業所へ行きました。
b. (　　) 事例の人は購入契約の支払いに不安を感じています。
c. (　　) 訪問販売法は内容も名称も変更しました。
d. (　　) 事例のような取引は、今は法律の規制対象になっています。
e. (　　) 電話で消費者生活センターに連絡すれば、事例のような取引がクーリング・オフできます。

177

内容 4　このままでは髪がなくなると言われて

ウォーミングアップ

スタイル：クエスチョンとアンサー

提示単語：

| 毛髪（もうはつ） | カウンセラー | 傷む（いたむ） | 育毛（いくもう） | 増毛（ぞうもう） | 洗髪（せんぱつ） | 店頭販売（てんとうはんばい） |

訪問販売（ほうもんはんばい）

○　次の問題を考えながら聞きましょう。

1. 事例の人はどんなトラブルに遭いましたか。
2. 契約した会社員はどんな気持ちになったか、2つ選んでください。

メモ

1の選択肢

a. 無料毛髪チェックを拒否されました。
b. 育毛・増毛サービスを受けられませんでした。
c. 高額の契約をさせられました。
d. 増毛の痛みが大変でした。

2の選択肢

a. 育毛の効果にすごく喜んでいます。
b. 育毛契約の必要性を疑ってきました。
c. 高額費用の支払いに不安になりました。
d. 増毛の効果を期待しています。

○　では、更に次の問題を意識しながらもう一度聞きましょう。

1. 事例の人はどうして育毛の契約をしたのですか。
2. 事業者が自主的にクーリング・オフ制度を設けている場合は、普通は何日以内に解約できますか。

第11課　東京暮し相談（クエスチョンとアンサー）

メモ

1 の選択肢
a. 今髪の毛が少ないから
b. その店が信用できるから
c. 店員に勧められたから
d. その店が安いから

2 の選択肢
a. 1週間以内
b. 2週間以内
c. 8日間以内
d. 4日間以内

○　もう一度聞いて、次の問題に答えましょう。
　　内容と合っているものに○を、違っているものに×をつけてください。

メモ

選択肢
a. (　　)事例の会社員は無料毛髪チェックのCMを見て、その店に入りました。
b. (　　)事例の会社員の増毛はなかなか抜けませんでした。
c. (　　)今では、毛髪で悩む人は少なくありません。
d. (　　)店頭販売の契約は無条件で解約できます。
e. (　　)今回の事例は店頭販売のものです。

内容5　知っていますか、消費生活センターのこと

> **ウォーミングアップ**
>
> スタイル：クエスチョンとアンサー
>
> 提示単語：
>
> 区市町村（くしちょうそん）　悪質商法（あくしつしょうほう）　斡旋（あっせん）　啓発（けいはつ）　団体（だんたい）　糖度（とうど）　塩分（えんぶん）

○　次の問題を考えながら聞きましょう。

　　消費生活センターとは何ですか。

メモ

選択肢

a．民間の組合
b．国の行政機関

○　では、更に次の問題を意識しながらもう一度聞きましょう。

　　消費生活センターの主な事業を、（　　　）に書き入れてください。

メモ

答え

① （　　　　　　　　　　　　）
② （　　　　　　　　　　　　）
③ （　　　　　　　　　　　　）
④ （　　　　　　　　　　　　）
⑤ （　　　　　　　　　　　　）

第11課　東京暮し相談（クエスチョンとアンサー）

○　もう一度聞いて、次の問題に答えましょう。
　　内容と合っているものに○を、違っているものに×をつけてください。

メモ

選択肢
a.（　　）食品の糖度や塩分を測るのは消費生活センターの事業です。
b.（　　）クレジットカードのしくみは消費生活センターでは調べてくれません。
c.（　　）商品事故の原因究明をするのは商品テストの1種類です。
d.（　　）消費生活センターでは環境にやさしい消費生活の工夫を調べられます。

内容6　消費者契約法って、どんな法律？

ウォーミングアップ

スタイル：クエスチョンとアンサー
提示単語：
消費者契約法　締結　交渉力　格差　不確実　円高　儲かる
大損　眺望　居座る　損害賠償　違約金

○　次の問題を考えながら聞きましょう。
　1.　消費者契約法はいつ試行されましたか。
　2.　消費者契約法ができた背景は何か、2つ選んでください。

メモ

1の選択肢
　a. 2001年7月1日　　　　　　　b. 2001年4月1日
　c. 2002年7月1日　　　　　　　d. 2002年4月1日

2の選択肢
　a. 苦情、相談が年々増えています。

b. そのようなトラブル解決のルールが必要となりました。
c. 契約や販売法が多くなっています。
d. 新しいルールを作り出しています。

○ では、更に次の問題を意識しながらもう一度聞きましょう。
　1. 消費者と事業者はどんな格差があるか、2つ選んでください。
　2. どんな場合、契約を取り消すことができるか、4つ選んでください。

メモ

1の選択肢
　　a. 情報量の格差　　　　　　　b. 規模の格差
　　c. 交渉力の格差　　　　　　　d. 法律面の知識の格差
2の選択肢
　　a. 情報がうそである場合
　　b. 不確実な情報を確実な情報として告げられた場合
　　c. 消費者に不利益な情報を故意に告げない場合
　　d. 事業者が消費者を帰らせず、契約させた場合
　　e. 損や不利益を受けた場合
　　f. よく調査もせずに契約をした場合

○ もう一度聞いて、次の問題に答えましょう。
　1. 消費者契約の条項を無効にできるのはどれが、2つ選んでください。
　2. 内容と合っているものに○を、違っているものに×をつけてください。

メモ

1の選択肢
　　a. 事業者が損害賠償の責任を一切取らないとする条項
　　b. 消費者の支払いが遅れて、事業者が損害金を請求する条項

c. 消費者に違約金を請求する条項
　　d. 普通気づかない欠陥には、修理や交換も損害賠償もしないとする条項

2 の選択肢

　a. (　　　) セールスマンがずっと居座って、仕方なく契約した場合は取り消すことができます。
　b. (　　　) 消費者の支払いが遅れた場合、事業者が損害金を請求する場合、年率 14.6％以内の損害金を請求することができます。
　c. (　　　) 事業者は消費者に違約金を請求することができません。
　d. (　　　) 普通気づかない欠陥には、事業者は修理や交換などの義務がありません。

課外でチャレンジしましょう

赤ちゃんが笑う時

ウォーミングアップ

スタイル：インタビュー

提示単語：

わくわく	遂(と)げる	反抗期(はんこうき)	垣根(かきね)	耳鼻咽喉科(じびいんこうか)	ばい菌(きん)	クリニック
這(は)い這(は)い	秘訣(ひけつ)	秘(ひ)める	アレルギー	小児喘息(しょうにぜんそく)	抵抗力(ていこうりょく)	潔癖(けっぺき)
デイケア	新米(しんまい)					

○　次の問題を考えながら聞きましょう。

1. このアナウンサーにとって、子育てで一番印象深いのは何ですか。
2. 日本の人口は今どんな状態ですか。
3. 子供が花粉症になった原因には、どんなことが疑われていますか。
4. 子供の衛生に関する新たな仮説とは何ですか。
5. カナダのデイケアセンターは病気になった子に対してどんな態度ですか。
6. ばい菌恐怖症とは何ですか。例をあげて説明してみてください。

第12課　ニュース[経済]
　　　　　（ラジオニュース）

内容 1

ウォーミングアップ

スタイル：ラジオニュース

提示単語：
景気動向指数（けいきどうこうしすう）　基調判断（きちょうはんだん）　下回る（したまわる）

○　次の問題を考えながら聞きましょう。

1. 4月の景気動向指数はどうなりましたか。
2. これは何についてのニュースですか。

メモ

1の選択肢

a. 2か月連続で改善しました。
b. 2か月連続で悪化しました。
c. 2か月ぶりに改善しました。
d. 2か月ぶりに悪化しました。

2の選択肢

a. 消費税率の引き上げ

b. 先行指数の変動
　　c. 経済の基調判断の下方修正
　　d. 経済指標の改善

○　では、更に次の問題を意識しながらもう一度聞きましょう。
　　1. 下記の用語の正しい説明を線でつないでください。
　　2. 自動車などの品目で販売が落ち込んだ原因は何ですか。

メモ

1 の選択肢

　　a. 景気動向指数　　　　　　　　ア．景気のこれからの状況を示すもの
　　b. 一致指数　　　　　　　　　　イ．様様な経済指標を集めて指数化したもの
　　c. 先行指数　　　　　　　　　　ウ．景気の現状を示すもの

2 の選択肢

　　a. 自動車の生産の減少　　　　　b. 電子部品の出荷の減少
　　c. 消費税率の引き上げ　　　　　d. 経済指標の下方修正

○　もう一度聞いて、次の問題に答えましょう。
　　内容と合っているものに○を、違っているものに×をつけてください。

メモ

選択肢

a. (　　) 景気動向指数は経済産業省によってつくられたものです。
b. (　　) 一致指数は前の月を上回りました。
c. (　　) 4月の基調判断は、「足踏みを示している」とされています。
d. (　　) 先行指数は3か月連続で下落しました。

内容 2

ウォーミングアップ

スタイル：ラジオニュース

提示単語：

| 定額制(ていがくせい) | 容量(ようりょう) | 繰り越す(くりこす) | 料金(りょうきん)プラン | 拍車(はくしゃ)がかかる |

○ 次の問題を考えながら聞きましょう。

1. このニュースは何についてですか。
2. 内容に出ている3つの大手携帯電話会社を書いてください。

メモ

1の選択肢
a. 新しい料金体系について　　　b. 新しい機種について
c. 新しい通信容量のプランについて　　d. 新しいネットアクセスについて

2の答え
a. ＿＿＿＿
b. ＿＿＿＿
c. ＿＿＿＿

○ では、更に次の問題を意識しながらもう一度聞きましょう。

1. ドコモが導入したものはどれか、2つ選んでください。
2. 最初に新しい料金体系を導入したのはどの携帯電話会社ですか。

メモ

1 の選択肢
   a. スマートフォンの月額定額制
   b. 従来型の携帯電話の月額定額制
   c. データ通信容量が家族で分け合えるプラン
   d. 使い切れなかったデータ通信容量を翌月に繰り越せるプラン

2 の答え
   a. NTTドコモ　　　b. ソフトバンク　　　c. KDDI

○　もう一度聞いて、次の問題に答えましょう。
内容と合っているものに○を、違っているものに×をつけてください。

メモ

選択肢
a. (　　) NTTドコモでは、どれだけ電話をしても、スマートフォンで2700円となっています。
b. (　　) ソフトバンクの料金体系はドコモと同じようになっています。
c. (　　) ドコモでは、長期間契約を続けたら、優遇されることになっています。
d. (　　) スマートフォンの顧客獲得競争も、料金プランの競争も激しくなってきました。

内容3

ウォーミングアップ

スタイル：ラジオニュース

提示単語：
　堅調(けんちょう)　　不況(ふきょう)　　高止(たかど)まり　　テンポ

○　次の問題を考えながら聞きましょう。
　1. 景気の現状を示す指標として特に注目されているのはどれですか。

2. 先月の就業者数は何人ですか。

> メモ

1の選択肢
 a. 農業分野の失業率　　　　　　　　b. 農業分野以外の失業率
 c. 農業分野の就職者数　　　　　　　d. 農業分野以外の就職者数

2の答え
 a. 1億3846万人　　　　　　　　　　b. 870万人
 c. 21万7000人　　　　　　　　　　d. 20万人

○ では、更に次の問題を意識しながらもう一度聞きましょう。
　1. アメリカの先月の雇用統計をまとめましょう。
　2. 現在どんな問題点があるか、2つ選んでください。

> メモ

1の答え
 a. 先月の雇用統計によると、失業率は_____で、前の月から変わりませんでした。
 b. 農業分野以外の就職者数は前の月に比べて_____人増え、先月の就職者数は_____人余りと、過去最高となりました。

2の選択肢
 a. パートの人数があまり増えないこと
 b. パートの人数があまり減らないこと
 c. 賃金があまり上がらないこと
 d. 賃金があまり下がらないこと

○ もう一度聞いて、確認しましょう。

第12課　ニュース［経済］（ラジオニュース）

内容 4

ウォーミングアップ

スタイル：ラジオニュース

提示単語：

信託銀行（しんたくぎんこう）　買い越し（かいこし）　下支え（したざさえ）　売り越し

○　次の問題を考えながら聞きましょう。

1. 東京株式市場の株価はどうなっていますか。
2. 株価のこれからの動向はどんな要素に大きく影響されるか、2つ選んでください。

メモ

1の選択肢

a. 上昇傾向になっています。
b. 下落傾向になっています。
c. 横ばいの傾向になっています。

2の選択肢

a. 年金基金の売り注文
b. 年金基金の買い注文
c. 国内の個人投資家の動向
d. 海外の投資家の動向

○　では、更に次の問題を意識しながらもう一度聞きましょう。

1. 信託銀行の株式売買はどうなっていますか。
2. 株価の回復の原因は何だと分析されていますか。

メモ

1の選択肢
   a. 買った額の方が多いです。
   b. 売った額の方が多いです。
   c. 買った額と売った額がほぼ同じです。
2の選択肢
   a. 年金基金が株式への投資を減らしたこと
   b. 年金基金が株式への投資を増やしたこと
   c. 個人投資家が株式への投資を減らしたこと
   d. 個人投資家が株式への投資を増やしたこと

○ もう一度聞いて、次の問題に答えましょう。
   内容と合っているものに○を、違っているものに×をつけてください。

メモ

選択肢
a. (　　)先週の日経平均株価は4日続けて値下がりしています。
b. (　　)先週の国内の信託銀行の買い越しは5年ぶりの規模でした。
c. (　　)信託銀行を通じた注文の多くは個人投資家による投資でした。
d. (　　)国内の個人投資家も海外の投資家も売り越しでした。

内容5

ウォーミングアップ

スタイル：ラジオニュース

提示単語：
小売り（こうり）　域外（いきがい）　調達（ちょうたつ）　一括契約（いっかつけいやく）　買収（ばいしゅう）　乗り出す（のりだす）

第 12 課　ニュース［経済］（ラジオニュース）

○　次の問題を考えながら聞きましょう。
　　1. 東京電力はいつからヤマダ電機に電力を販売しますか。
　　2. 中部電力が首都圏での電力販売に乗り出す対策は何ですか。

メモ

1 の選択肢
　a. 今年の 9 月　　　　　　　　　　b. 来年の 9 月
　c. 今年の 10 月　　　　　　　　　 d. 来年の 10 月
2 の選択肢
　a. 首都圏に本社を移すことです。
　b. 首都圏に子会社を設立することです。
　c. 三菱商事の本社を買収することです。
　d. 三菱商事の子会社を買収することです。

○　では、更に次の問題を意識しながらもう一度聞きましょう。
　　1. 東京電力はどこのヤマダ電機に電力を販売するか、2 つ選んでください。
　　2. 電力小売りの企業向けの自由化はいつ始まりましたか。
　　3. 東京電力はいつ域外の家庭向けの電力供給を始めますか。

メモ

1 の選択肢
　a. 関東の店舗　　　　　　　　　　b. 関西の店舗
　c. 中部の店舗　　　　　　　　　　d. 東北の店舗
2 の選択肢
　a. 平成 10 年　　b. 平成 12 年　　c. 去年　　　　d. 今年
3 の選択肢
　a. 今年　　　　　b. 来年　　　　　c. 再来年

○ もう一度聞いて、次の問題に答えましょう。
内容と合っているものに○を、違っているものに×をつけてください。

メモ

選択肢
a. (　　)東京電力が域外でヤマダ電機に販売する電力は、本社の過剰電力です。
b. (　　)東京電力が域外で本格的に電力を供給するのは日本で初めてです。
c. (　　)東京電力はほかの企業とも、域外での電力供給を行う交渉を進めています。
d. (　　)域外での電力販売を図っているのは東京電力だけです。
e. (　　)これから日本の電力会社同士の競争は本格化することになります。

内容6

ウォーミングアップ

スタイル：ラジオニュース

提示単語：
観光庁　　観光ルート　　位置情報　　ビッグデータ　　スマートフォン
アプリケーション　　ツイッター

○ 次の問題を考えながら聞きましょう。
1. 観光庁はどんな調査を行いますか。
2. この調査の予算はどれぐらいか、＿＿＿＿に書き入れてください。

メモ

1の選択肢
　a. 外国人旅行者の観光願望を分析する動態調査
　b. 外国人旅行者の観光行動を分析する動態調査

c. 外国人旅行者の観光満足度行動を分析する動態調査

2 の答え

　予算：＿＿＿＿＿＿＿円

○　では、更に次の問題を意識しながらもう一度聞きましょう。
　　次の＿＿＿＿＿＿＿に適当な言葉を書き入れてください。

メモ

答え

　具体的には、外国人旅行者に、＿＿＿＿＿＿＿にGPS機能で位置情報を発信する専用の＿＿＿＿＿＿＿をダウンロードしてもらうなどして、どのような＿＿＿＿＿＿＿で日本の観光地を訪ねているのかや、観光地を訪れた外国人旅行者が＿＿＿＿＿＿＿などでどのような情報を発信しているのかといったデータを収集することにしています。

○　もう一度聞いて、次の問題に答えましょう。
　　1. 2020年、東京でオリンピックのほかに何が開催されるか、下に書いてください。
　　2. ＿＿＿＿＿＿＿に適当な言葉を書き入れてください。

メモ

1 の答え： ＿＿＿

2 の答え

　　新たな＿＿＿＿＿＿＿の開発や、魅力的な＿＿＿＿＿＿＿の開催、訪れやすい施設の＿＿＿＿＿＿＿などに役立ててもらうことにしています。

内容 7

ウォーミングアップ

スタイル：ラジオニュース

提示単語：

営業用車両（えいぎょうようしゃりょう）　走行試験（そうこうしけん）　またがる　ダイヤ改正（かいせい）　活性化（かっせいか）

○ 次の問題を考えながら聞きましょう。

1. 北陸新幹線の走行ルートはどれですか。
2. 北陸新幹線の開業日はいつですか。

メモ

1の選択肢

a. 東京⇔福島⇔仙台⇔盛岡
b. 東京⇔高崎⇔長岡⇔新潟
c. 東京⇔長野⇔富山⇔金沢
d. 東京⇔名古屋⇔京都⇔新大阪

2の選択肢

a. 今年の3月24日
b. 今年の3月14日
c. 来年の3月24日
d. 来年の3月14日

○ では、更に次の問題を意識しながらもう一度聞きましょう。

1. 北陸新幹線では東京から終点までどれぐらいかかりますか。
2. JRは近日中に何を正式に決め発表しますか。

メモ

第12課　ニュース[経済]（ラジオニュース）

1の選択肢
- a. 1時間20分
- b. 1時間30分
- c. 2時間20分
- d. 2時間30分

2の選択肢
- a. 開業日
- b. 営業エリア
- c. ダイヤ
- d. 料金

○　もう一度聞いて、次の問題に答えましょう。
　　内容と合っているものに○を、違っているものに×をつけてください。

メモ

選択肢
a. （　　）北陸新幹線は富山を経由します。
b. （　　）長野新幹線の終点は金沢です。
c. （　　）北陸新幹線では去年の12月に営業用車両を使った走行試験が行われました。
d. （　　）北陸新幹線が開業すると、東京から金沢のまで、これまでより1時間10分早く行けます。
e. （　　）地元では駅周辺の再開発などの動きが加速しています。

内容8

ウォーミングアップ

スタイル：ラジオニュース

提示単語：
株式市場（かぶしきしじょう）　インフレ　全面安（ぜんめんやす）　日経平均株価（にっけいへいきんかぶか）　東証株価指数・トピックス（とうしょうかぶかしすう）
強制捜査（きょうせいそうさ）　株安（かぶやす）

○　次の問題を考えながら聞きましょう。
　　1. 東京株式市場はどうなりましたか。

2. 日経平均株価はどうなりましたか。

> メモ

1の選択肢
  a. 全面安になりました。　　　　　　b. 全面高になりました。

2の選択肢
  a. 昨日より下がりました。　　　　　　b. 昨日より上がりました。

○ では、更に次の問題を意識しながらもう一度聞きましょう。
  1. 東証株価指数・トピックスの終値はどんな状態ですか。
  2. 東京株式市場が今の状態になった原因は何か、2つ選んでください。
  3. 今日の日経平均株価の終値はどれくらいですか。

> メモ

1の選択肢
  a. 昨日は上がったが、今日は下がった状態
  b. 昨日は下がったが、今日は上がった状態
  c. 昨日も今日も上がった状態
  d. 昨日も今日も下がった状態

2の選択肢
  a. アメリカのインフレの懸念　　　　　b. アメリカの景気減速の懸念
  c. 日本のインフレの懸念　　　　　　　d. 日本の景気減速の懸念

3の選択肢
  a. 288円85銭　　　　　　　　　　　　b. 15 096円1銭
  c. 1 307円16銭　　　　　　　　　　　d. 1 884円86銭

○ もう一度聞いて、次の問題に答えましょう。
  1. 内容と合っているものに○を、違っているものに×をつけてください。

2. 選択肢から最近の株式市場の様子に合っているものを2つ選んでください。

メモ

1の選択肢
a. (　　)日経平均株価だけ今年の最安値となりました。
b. (　　)昨日の日経平均株価の終値は288円85銭です。
c. (　　)アメリカの景気が減速すれば、全世界に影響を及ぼします。
d. (　　)東京市場での値下がりは今日だけのことです。
e. (　　)東証株価指数・トピックスはあまり下がりませんでした。

2の選択肢
a. 最近の株安は世界的なものです。
b. 東京市場での値下がりは今日と昨日だけのことです。
c. 最近損を出している個人の投資家が多いです。
d. 最近積極的な買い注文が多いです。

内容9

ウォーミングアップ

スタイル：ラジオニュース

提示単語：

三菱UFJ　フィナンシャル・グループ　公的資金　返済　引き継ぐ
発足　残高　売却　関与　還元　預金　金利設定

○ 次の問題を考えながら聞きましょう。
1. これは何についてのニュースですか。
2. 今日返済された公的資金はいくらですか。

メモ

1 の選択肢
 a. 国が三菱 UFJ フィナンシャル・グループに公的資金を投入することについて
 b. 三菱 UFJ フィナンシャル・グループが国に公的資金を返済することについて

2 の選択肢
 a. 約 1 兆 1800 億円	b. 約 2900 億円
 c. 約 1 兆 4000 億円	d. 約 1 兆 8000 億円

○ では、更に次の問題を意識しながらもう一度聞きましょう。
 1. 去年 10 月のグループ発足当初、公的資金の残高はどれくらいですか。
 2. 三菱 UFJ はこれまで何回にわたって公的資金の返済を進めてきましたか。

メモ

1 の選択肢
 a. 約 1 兆 1800 億円	b. 約 2900 億円
 c. 約 1 兆 4000 億円	d. 約 1 兆 8000 億円

2 の選択肢
 a. 3 回	b. 4 回
 c. 5 回	d. 6 回

○ もう一度聞いて、次の問題に答えましょう。
 内容と合っているものに○を、違っているものに×をつけてください。

メモ

選択肢
 a. (　　) 三菱 UFJ は去年の 10 月に国の公的資金を半額返済しました。
 b. (　　) 今年 3 月期の決算で最終的な利益が 1 兆 1800 億円に達しました。
 c. (　　) 大手金融グループでは公的資金を全額返済できたのは三菱 UFJ だけではありません。

d. (　　) 三菱 UFJ は海外の金融機関に出資する方針があります。
e. (　　) 三菱 UFJ への国の関与がこれからもっと強くなります。
f. (　　) 三菱 UFJ は預金や住宅ローンなどの金利設定の見直しを検討します。
g. (　　) 三菱 UFJ の経営体質がよくなり、利益が大幅に増加しています。

内容 10

ウォーミングアップ

スタイル：ラジオニュース

提示単語：
値下がり　警戒感　株価　取引　景気回復　デフレ脱却　下落
ファンダメンタル

○ 次の問題を考えながら聞きましょう。
1. 去年の年末から今日までの間に、株価はどう変化しましたか。
2. 株価はこの 2 か月でどれくらい値下がりしましたか。

メモ

1 の選択肢
a. ずっと下がっています。　　b. ずっと上がっています。
c. 下がってまた上がりました。　d. 上がったり下がったりしました。

2 の選択肢
a. 600 円くらい　　　　　　　b. 15 000 円くらい
c. 3 000 円くらい　　　　　　d. 17 500 円くらい

○ では、更に次の問題を意識しながらもう一度聞きましょう。
1. 今日の日経平均株価はどれくらいですか。
2. どういうきっかけで、東京株式市場の株価が先月中旬から下落したのですか。

メモ

1 の答え
- a. 600 円
- b. 15 000 円
- c. 15 000 円未満
- d. 15 600 円

2 の選択肢
- a. アメリカのインフレで
- b. アメリカの景気の減速で
- c. ライブドアショックで
- d. ニューヨーク市場の株価下落の継続で

○ もう一度聞いて、次の問題に答えましょう。
　内容と合っているものに○を、違っているものに×をつけてください。

メモ

選択肢
- a. (　)東京株式市場は今日から全面安の展開となりました。
- b. (　)今年1月から7月まで日経平均株価はずっと下がっていました。
- c. (　)東京市場はずっと景気回復には期待感を持っていません。
- d. (　)日経平均株価は15 000円台を割り込んだのは、この半年で初めてです。
- e. (　)日本の株式市場の水準は当然戻ると推測されています。

第12課　ニュース[経済]（ラジオニュース）

課外でチャレンジしましょう

内容1

ウォーミングアップ

スタイル：ラジオニュース

提示単語：

経済産業省（けいざいさんぎょうしょう）　経済成長戦略（けいざいせいちょうせんりゃく）　実質経済成長率（じっしつけいざいせいちょうりつ）　燃料（ねんりょう）　国際競争力（こくさいきょうそうりょく）
連携（れんけい）　経済活性化策（けいざいかっせいかさく）

○　次の問題を考えながら聞きましょう。

1. 「新経済成長戦略」とは何ですか。
2. この戦略の結果、2015年度までの実質経済成長率は、どうなる見込みですか。
3. 地方経済を底上げするために、どうしますか。
4. この戦略をどうやって政府の経済財政運営の基礎方針に役立てますか。

内容2

ウォーミングアップ

スタイル：ラジオニュース

提示単語：

朝刊（ちょうかん）　最新版（さいしんばん）　聞く日経（きにっけい）　ヘッドライン　市販薬（しはんやく）　処方薬（しょほうやく）　代理業（だいりぎょう）
ネット交流（こうりゅう）　CM飛ばし（シーエムとばし）　歳出歳入一体改革（さいしゅつさいにゅういったいかいかく）　弾力条項（だんりょくじょうこう）　排他的（はいたてき）
国際決済銀行（こくさいけっさいぎんこう）

○　次の問題を考えながら聞きましょう。

1. これは何の番組ですか。
2. ニュースヘッドラインとは何ですか。

3. 政府自民党は何を検討していますか。
4. どんな CM が開発されましたか。

内容 3

<ウォーミングアップ>

スタイル：ラジオニュース

提示単語：

在留期間延長（ざいりゅうきかんえんちょう）　相続税評価（そうぞくぜいひょうか）　代替わり（だいがわり）　ライブドア　ダイナーシティー　インボイス　丸井（まるい）

○ 次の問題を考えながら聞きましょう。

1. 自民党は外国人労働者について政府にどんなことを求めていますか。
2. 相続税評価はどうなりますか。
3. ワールドカップで日本チームはどうなりましたか。
4. 家電各社はどうしますか。

第13課　環境保護(現地レポート)

内容1　地球のために何かをしたい

ウォーミングアップ

スタイル:現地レポート

登場人物:野口健(アルピニスト)、山田(地元の人)、地元の女の子、東京から来た子

提示単語:

コスモ石油　寄付金　環境啓発　アルピニスト　野口健　小笠原
制覇　エベレスト　サポート　サイパン　亜熱帯　合流
メッセンジャー　固有種　父島　サメ　生息　エメラルドグリーン
カタマイマイ

その1

○　次の問題を考えながら聞きましょう。
1. コスモ・ザ・カードの名前は何ですか。
2. このカードのテーマは何ですか。

メモ

1 の選択肢
   a. エコ　　　　　b. エゴ　　　　　c. アコ　　　　　d. アゴ

2 の選択肢
   a. 地球のために何かをしたい　　　b. 地球温暖化防止
   c. ずっと地球で暮らそう　　　　　d. 学校を支援しよう

○ では、更に次の問題を意識しながらもう一度聞きましょう。
   1. 「地球のために何かをしたい」という気持ちは誰の気持ちですか。
   2. 誰がこの基金にお金を寄付しているのですか。
   3. コスモ石油エコカード基金はどんなことに取り組んでいるのですか。

メモ

1 の選択肢
   a. お客様の気持ち　　　　　　　b. コスモ石油の気持ち
   c. 会員の気持ち　　　　　　　　d. お客様とコスモ石油の気持ち

2 の選択肢
   a. お客様とコスモ石油グループ
   b. カードを持つ会員とコスモ石油グループ
   c. お客様と環境学校
   d. 環境学校とカードを持つ会員

3 の選択肢
   a. 地球温暖化防止と子供の環境啓発　　b. 学校支援
   c. ずっと地球で暮らすこと　　　　　　d. お金を寄付すること

○ もう一度聞いて、確認しましょう。

その2

○ 次の問題を考えながら聞きましょう。
   1. 野口健さんの職業と一致しているのはどれですか。

2. 今回取り上げた地域はどれですか。
3. 今回の体験活動は何日間ですか。

メモ

1の選択肢
 a. アリピニスト   b. アルピニスト
 c. アルビニスド   d. アルピニスド

2の選択肢
 a. おかさはら   b. おがさわら
 c. こかさわら   d. こがさはら

3の選択肢
 a. 4日間   b. 8日間   c. 3日間   d. 10日間

○ では、更に次の問題を意識しながらもう一度聞きましょう。
1. 野口さんはどんなことをしていますか。
2. 子供たちにさまざまな体験をしてもらう狙いは何ですか。

メモ

1の選択肢
 a. 日本各地の高い山に登っています。
 b. 子供たちに登山を体験してもらっています。
 c. 小笠原で環境学校を開催しています。
 d. 日本各地で環境学校を開催しています。

2の選択肢
 a. 全国を回ること
 b. 小笠原へ行くこと
 c. 環境への意識を深めていくこと
 d. 観光への意識を深めていくこと

○ もう一度聞いて、確認しましょう。

その3

○ 次の問題を考えながら聞きましょう。
1. 野口健さんはどんな人ですか。
2. 彼はどんなことに衝撃を受けましたか。

メモ

1の選択肢
a. 7つの高い山に登ったことのある人
b. 山にゴミを捨てた人
c. 現在コスモ石油で仕事をしている人
d. 史上最年少で、7大陸の最高峰に登った人

2の選択肢
a. 山上付近に登山家がゴミを捨てていたこと
b. エベレストや富士山が高いこと
c. 山上付近に登山家が多いこと

○ では、更に次の問題を意識しながらもう一度聞きましょう。
1. 野口さんは今何を感じていますか。
2. 野口さんは何をスタートしましたか。

メモ

1の選択肢
a. 清掃登山の重要性
b. 環境保全や環境教育の重要性
c. コスモ石油と出会う重要性

第13課　環境保護（現地レポート）

2の選択肢
 a. エベレストに登ること
 b. 富士山に登ること
 c. エベレストや富士山での清掃登山

○　もう一度聞いて、確認しましょう。

その4

○　次の問題を考えながら聞きましょう。
　1. 何について話していますか。
　2. エベレストに登った次の年に何を考えましたか。

メモ

1の選択肢
 a. エベレストに登ったこと
 b. 清掃活動について
 c. コスモ石油との出会いのきっかけについて

2の選択肢
 a. 登頂すること
 b. 清掃すること
 c. サポートすること

○　では、更に次の問題を意識しながらもう一度聞きましょう。
　この話と一致しているのはどれですか。

メモ

選択肢
a. 登山をサポートする人がいません。
b. 清掃登山をする人がいません。
c. 登山をサポートする人はいますが、清掃登山をサポートする人はいません。

○ もう一度聞いて、確認しましょう。

その5

○ 次の問題を考えながら聞きましょう。
　1. 野口さんは相談に行ったのはどこですか。
　2. 野口さんの考えはサポートされましたか。

メモ

1の答え：＿＿＿＿＿＿＿＿＿＿＿＿＿＿＿＿＿＿＿＿＿＿＿＿＿＿＿＿＿＿＿＿＿＿
2の答え：＿＿＿＿＿＿＿＿＿＿＿＿＿＿＿＿＿＿＿＿＿＿＿＿＿＿＿＿＿＿＿＿＿＿

○ では、更に次の問題を意識しながらもう一度聞きましょう。
　野口さんとコスモ石油のやりたいことは何ですか。

メモ

選択肢
a. 野口のやりたいことは登山・コスモ石油のやりたいことは環境保護
b. 野口さんのやりたいこともコスモ石油のやりたいことも環境保護
c. 野口さんのやりたいことは清掃登山・コスモ石油のやりたいことは石油の販売

○ もう一度聞いて、確認しましょう。

その6

○ 次の問題を考えながら聞きましょう。
　　1. 日本人の環境保護意識はどうですか。
　　2. 環境保護について何と言っていますか。

メモ

1の選択肢
　a. 強い　　　　　b. 弱い

2の選択肢
　a. 外国人からいろいろと教えられました。
　b. 外国人にいろいろと教えました。

○ では、更に次の問題を意識しながらもう一度聞きましょう。
　　1. 環境学校を作ろうと思ったきっかけはいつですか。
　　2. ヨーロッパの国では、教育の中に何が入っているのですか。

メモ

1の答え：＿＿＿＿＿＿＿＿＿＿＿＿＿＿＿＿＿＿＿＿＿＿＿＿＿＿＿
2の答え：＿＿＿＿＿＿＿＿＿＿＿＿＿＿＿＿＿＿＿＿＿＿＿＿＿＿＿

○ もう一度聞いて、確認しましょう。

その7

○ 次の問題を考えながら聞きましょう。
　　1. 小笠原諸島は東京から見てどの方角にありますか。

2. 小笠原はどんな気候ですか。

メモ

1の選択肢
　a. 東　　　　　　b. 西　　　　　　c. 南　　　　　　d. 北
2の選択肢
　a. 寒帯　　　　　b. 熱帯　　　　　c. 亜熱帯

○ では、更に次の問題を意識しながらもう一度聞きましょう。
　　小笠原諸島の説明に合っているものに○を、違っているものに×をつけてください。

メモ

選択肢
a. (　　　) 東京から南へ1000キロ離れているところにあり、船で25時間ぐらいかかります。
b. (　　　) 小笠原には四季の移り変わりがありません。
c. (　　　) サイパンより、小笠原のほうが東京に遠いです。
d. (　　　) 小笠原諸島は、島ができてから、1度大陸と陸続きになったことがあります。
e. (　　　) 小笠原で見られる動物や植物はほかでもたくさん見られます。
f. (　　　) 野口さんたちを乗せた船は父島に到着しました。
g. (　　　) 野口さんたちは小笠原在住の生徒たちと合流し、開校式を行いました。

○ もう一度聞いて、確認しましょう。

その8

○ 次の問題を考えながら聞きましょう。
　　1. 今日はまずどこへ行きますか。

2. 環境メッセンジャーは何ですか。

メモ

1の選択肢
  a. 去年行った南側へ　　　　　　　　b. 去年行った東側へ
  c. 去年行けなかった南側へ　　　　　d. 去年行けなかった東側へ

2の選択肢
  a. 感じたこと　　　b. 思ったこと　　　c. 考えるひと　　　d. 伝えるひと

○ では、更に次の問題を意識しながらもう一度聞きましょう。
  みんなにしてもらいたいことは何ですか。

メモ

選択肢
  a. 環境について聞いてもらいたいこと　　　b. 環境について見てもらいたいこと
  c. 環境について考えてもらいたいこと　　　d. 環境について伝えてもらいたいこと

○ もう一度聞いて、確認しましょう。

その9

○ 次の問題を考えながら聞きましょう。
  1. 南島の入り口は何と呼ばれていますか。
  2. 女の子はどこの人ですか。
  3. 女の子は何について言っていますか。

メモ

1の選択肢
　a. 眠りブタ
　b. サメ池
　c. エメラルドグリーン

2の選択肢
　a. 山田さんの娘さん
　b. 島に住んでいる子
　c. 東京から来た子

3の選択肢
　a. 南島の美しさについて
　b. 南島の植物について
　c. 南島に渡るときのルールについて

○　では、更に次の問題を意識しながらもう一度聞きましょう。
　　1. 南島に入る時、特に気をつけなければならないのは何ですか。
　　2. どうしてそのことに気をつけなければならないのですか。

メモ

1の選択肢
　a. 服をちゃんと着ることと靴をちゃんとはくこと
　b. 服や靴につけた植物の種をはらうこと
　c. 芝生に入らないこと

2の選択肢
　a. 南島の植物は弱いから
　b. 南島の植物が育たなくなるから
　c. 南島以外の植物が入ると、生態形が壊れてしまうから

○　もう一度聞いて、確認しましょう。

第13課　環境保護（現地レポート）

その10

○　次の問題を考えながら聞きましょう。
　　1. カタマイマイについて正しいのはどれですか。
　　2. これは何についてですか。

メモ

1 の選択肢
　a. 南島のものではありません。
　b. 位置を動かしてもいいです。
　c. 持ち帰ってはいけません。

2 の選択肢
　a. 地元の子の案内について　　　　b. 地元の子の感想について
　c. 東京の子の質問について　　　　d. 東京の子の感想について

○　では、更に次の問題を意識しながらもう一度聞きましょう。
　　内容と合っているものに○を、違っているものに×をつけてください。

メモ

選択肢
a.（　　　）入島制限が厳しいです。
b.（　　　）自然を守ろうという気持ちが強いです。
c.（　　　）海はテレビで見たほうが青く、実際見るとそうでもありません。
d.（　　　）テレビで見ても、百聞は一見にしかずです。

○　もう一度聞いて、確認しましょう。

その11

○ 次の問題を考えながら聞きましょう。
　内容と合っているものに○を、違っているものに×をつけてください。

メモ

選択肢
a. (　　) 小笠原に行きたくても、美しさを守るために、行かないほうがいいです。
b. (　　) この人はこれからこの島で生きていきたいと思っています。
c. (　　) 小笠原に行きたい気持ちと壊したくない気持ちのバランスを考えなければなりません。
d. (　　) 島に行ったら、必ず島を壊すことになります。

○ もう一度聞いて、確認しましょう。

その12

○ 次の問題を考えながら聞きましょう。
　生徒たちはどんなことを肌で感じたか、(　　)に書き入れてください。

メモ

答え
　実際に行ってみて、(　　)ことの大切さ、そして、自然を守るために、人間も(　　)気持ちが必要です。

○ もう一度聞いて、確認しましょう。

第 13 課　環境保護(現地レポート)

内容 2　どうする？エネルギーのこれから

ウォーミングアップ

スタイル:解説

提示単語：

エネルギー　福島県(ふくしまけん)　原子力(げんしりょく)　発電所(はつでんしょ)　放射性物質(ほうしゃせいぶっしつ)　火力発電(かりょくはつでん)　燃料(ねんりょう)
二酸化炭素(にさんかたんそ)　天然ガス(てんねん)　再生(さいせい)　太陽光(たいようこう)　風力(ふうりょく)　地熱(ちねつ)　買い取る(かいとる)
志す(こころざす)　商機(しょうき)　パネル　跡地(あとち)　根室市(ねむろし)　風車(ふうしゃ)　海岸沿い(かいがんぞい)　ワシ
フクロウ　オジロワシ　ブレード　即死(そくし)　絶滅危惧種(ぜつめつきぐしゅ)　福井県(ふくいけん)
大野市(おおのし)　バイオマス

その 1

○　次の問題を考えながら聞きましょう。

1. どんな事故が起きたのですか。
2. 事故の後、主に電気を作る方法は何ですか。

メモ

1 の選択肢
　a. 原子力発電所の事故　　　　　　　　b. 火力発電所の事故

2 の選択肢
　a. 原子力　　　　　　　　　　　　　　b. 火力

○　では、更に次の問題を意識しながらもう一度聞きましょう。

1. 事故の原因は何ですか。
2. 事故前、原子力発電は日本の電力の何パーセントを担っていますか。
3. 火力発電について言及していない問題はどれですか。

メモ

1の選択肢
  a. 地震が起こったこと   b. 放射性物質が漏れ出したこと
  c. 二酸化炭素が発生したこと

2の選択肢
  a. 20％   b. 30％   c. 40％

3の選択肢
  a. 環境汚染   b. 輸入依頼   c. 戦争資源

○ もう一度聞いて、確認しましょう。

その2

○ 次の問題を考えながら聞きましょう。
  1. どうして太陽光や風力の発電施設が急増してきましたか。
  2. 作る電気の量は何倍に増えましたか。

メモ

1の選択肢
  a. 永遠に使われるから   b. 環境に負担がかからないから   c. お金をもらえるから

2の選択肢
  a. 2倍   b. 3倍   c. 4倍

○ では、更に次の問題を意識しながらもう一度聞きましょう。
    （　　）に適当な言葉を書き入れてください。

メモ

第13課　環境保護（現地レポート）

答え
　再生可能エネルギーとは、（　　）や（　　）、（　　）など、いくら使っても（　　）、（　　）の原因と言われる（　　）をほとんど（　　）、とても地球に（　　）エネルギーのこと。

○　もう一度聞いて、確認しましょう。

その3

○　次の問題を考えながら聞きましょう。
　1. 風車が作られた場所はどこですか。
　2. この場所は鳥にとってどんな場所ですか。

メモ

1の選択肢
　a. 海岸　　　　　b. 山頂　　　　　c. 跡地
2の選択肢
　a. 巣を作る場所　　b. 餌を取る場所

○　では、更に次の問題を意識しながらもう一度聞きましょう。
　1. 風車の羽根に鳥たちが当たって命を落とすのは何と言いますか。
　2. 北海道で風車で亡くなったオジロワシは何羽ですか。
　3. これから風車を作るのは停止しますか。

メモ

1の選択肢
　a. バードスットライク
　b. バッドスドライク
　c. バードストライク

2 の選択肢
  a. 3 羽　　　　　b. 53 羽
3 の選択肢
  a. はい、停止します。　b. いいえ、停止しません。

○　もう一度聞いて、確認しましょう。

その 4

○　次の問題を考えながら聞きましょう。
  1. チップはどんなものですか。
  2. （　　）に適当な言葉を書き入れてください。

メモ

1 の選択肢
  a. 木の破片　　　b. 木の枝　　　c. 木の幹
2 の答え
  チップの主な材料は（　　　）。

○　では、更に次の問題を意識しながらもう一度聞きましょう。
　　内容と合っているものに○を、間違っているものに×を付けてください。

メモ

選択肢
a. （　）チップを燃やして、1万5 000人分の電気を作られます。
b. （　）間伐材とは、木々が密集した場所から切り出される木材です。
c. （　）間伐材は全部チップとして燃やされました。
d. （　）間伐材を山奥から運び出すだけでなく、入手先に達するまでもたくさんのお金が必要です。

e. (　　) バイオマス発電所の運営資金は大企業から募集されました。

○　もう一度聞いて、確認しましょう。

課外でチャレンジしましょう

自然環境を守る　未来広告　ジャパン

ウォーミングアップ

スタイル：番組
提示単語：

| クイズ　　多摩川（たまがわ）　　琵琶湖（びわこ）　　漁場（ぎょじょう）　　瀬戸内海（せとないかい）　　田子の浦（たごのうら）　　ヘドロ
悪臭（あくしゅう）　　赤潮（あかしお）　　内訳（うちわけ）　　リポート　　河原（かわら）　　泡（あわ）　　洗剤（せんざい）　　粉石けん（こなせっけん）
反応タンク（はんのうタンク）　　微生物（びせいぶつ）　　アユ |

○　次の問題を考えながら聞きましょう。
1. 日本で水を汚して大きな問題になってしまったのはどこですか。
2. 1960年代東京湾はどんな様子でしたか。
3. 瀬戸内海はどんな現象が発生しましたか。
4. 何がきっかけで水質が戻ってきましたか。
5. 一日東京湾に流れ込んだ汚れはどうなっていますか。
6. 東京湾に流れ込んだ汚れの内訳はどうなっていますか。
7. とどろき校はどんな活動をしていますか。
8. 多摩川に漂っているのはどんなものですか。
9. 水を処理する池がどこにありますか。
10. 反応タンクの中の泥に何が入っていますか。
11. 微生物の作用は何ですか。
12. 今、多摩川にどんな魚が見えますか。
13. 私たちの周りはどんな環境の問題がありますか。

第14課　自分を表現して(解説)

内容1　自分を表現して

ウォーミングアップ

スタイル：対談

提示単語：

縁（へり）　直撃（ちょくげき）　鼻毛（はなげ）　ジーパン　太もも（ふともも）　霜焼け（しもやけ）　極寒（ごっかん）　解禁（かいきん）
路地（ろじ）　尺（しゃく）　ボックス　導火線（どうかせん）　メーター　破裂（はれつ）　出番（でばん）
エンディング　暴れる（あばれる）　テンション　凛々しい（りりしい）

○　次の問題を考えながら聞きましょう。
　　1. 大沼さんはいつ大連へ行きましたか。
　　2. 水城さんは大連へ行ったことがありますか。

メモ

1の選択肢
　a. 春　　　　　　b. 夏　　　　　　c. 秋　　　　　　d. 冬
2の選択肢
　a. あります。　　　　　　　　　　b. ありません。

第14課　自分を表現して（解説）

○　では、更に次の問題を意識しながらもう一度聞きましょう。
1. 大沼さんはいつ公演に出ることを決めましたか。
2. 大沼さんはいつ日本へ帰りましたか。

メモ

1の選択肢
a. 中国に行く前に　　　　　　　b. 中国に行った後で
c. 中国に行くと決める前に　　　d. 中国に行くと決めた後で

2の選択肢
a. 12月中旬　　　b. 1月　　　c. 2月　　　d. 2月中旬

○　もう一度聞いて、次の問題に答えましょう。
　　内容と合っているに○を、違っているものに×をつけてください。

メモ

選択肢
a. （　　）水城さんは何度も大連へ行ったことがあります。
b. （　　）大沼さんは冬の大連はそれほど寒くないと思っています。
c. （　　）水城さんは大連で太ももが霜焼けになったことがあります。
d. （　　）大沼さんは旅行で大連へ行ったことがあります。
e. （　　）大沼さんが大連に滞在していたところは海辺でした。
f. （　　）冬の大連では毛皮、ズボン、帽子がよく売れています。

その2

○　次の問題を考えながら聞きましょう。
1. 大連の旧正月は、町中で花火が何週間ぐらい続きますか。
2. 大沼さんは何がすごいと言っていましたか。

メモ

1 の選択肢
  a. 1 週間ぐらい　　b. 2 週間ぐらい　　c. 3 週間ぐらい

2 の選択肢
  a. 買い物　　　　　　　　　　　b. 食べ物
  c. 町の人出　　　　　　　　　　d. 打ち上げ花火と爆竹

○ では、更に次の問題を意識しながらもう一度聞きましょう。
  1. 大沼さんはどんなことに驚きましたか。
  2. 大沼さんはどうしてそのことに驚いたのですか。
  3. 中国で大沼さんは今まで見たことがないことを見ましたが、それは何ですか。

メモ

1 の選択肢
  a. 中国で花火が見えること
  b. 中国の花火がとても大きいこと
  c. 中国で花火を売っていること
  d. 中国で自由に花火を上げられること

2 の選択肢
  a. 日本で花火大会を見たことがないから
  b. 日本では花火が自由に買えないから
  c. 日本の花火はみな小さいから
  d. 日本では花火が高くて普通の人は買えないから

3 の選択肢
  a. 路地で花火をあげること
  b. 花火が下に見えること
  c. 火の粉が窓から入ること
  d. 15 階で花火をあげること

○ もう一度聞いて、次の問題に答えましょう。
　　内容と合っているものに○を、違っているものに×をつけてください。

メモ

選択肢
a. (　　) 大連は今年から爆竹解禁になります。
b. (　　) 中国で3尺や5尺の花火の玉が普通に買えます。
c. (　　) 中国には50万発繋がっている爆竹があります。
d. (　　) 大沼さんは中国で花火をあげました。
e. (　　) 日本では普通49連発のような花火が買えません。

その3

○ 次の問題を考えながら聞きましょう。
　　1. 公演の名前は何ですか。
　　2. この公演で大沼さんは出番が多いですか。

メモ

1の選択肢
　a. 僕の細道イブン　　　　　　　　b. 僕の道イブン
　c. 奥の細道イブン　　　　　　　　d. 奥の道イブン

2の選択肢
　a. 多いです。　　　　　　　　　　b. 多くないです。

○ では、更に次の問題を意識しながらもう一度聞きましょう。
　　1. 大沼さんはどうして「動きは変な動き、いっぱいあるじゃないか」と言われたのですか。
　　2. 稽古の場所の特徴は何ですか。

3. 大沼さんは公演の当日、どんな姿ですか。

メモ

1の選択肢
a. エンディングにダンスがあるから
b. みんな状況があまり分らないから
c. 自由度が結構高いから
d. 内容自身に変なことがたくさんあるから

2の選択肢
a. 客席がないことです。　　　　　　b. 客席が少ないことです。
c. 客席が多いことです。　　　　　　d. 客席が多すぎることです。

3の選択肢
a. おもしろい姿　　　　　　　　　　b. 怪しい姿
c. まぶしい姿　　　　　　　　　　　d. 凛凛しい姿

○　もう一度聞いて、次の問題に答えましょう。
　　内容と合っているものに○を、違っているものに×をつけてください。

メモ

選択肢
a. (　　)大沼さんは舞台経験があまりありません。
b. (　　)大沼さんは状況を飲み込んだうえで、入ると決めました。
c. (　　)ダンスの形はだんだん整ってきました。
d. (　　)大沼さんは客席がない方がいいと思っています。
e. (　　)公演はまもなく始まります。
f. (　　)監督の指導ではなく、出演者同士で動きを決めます。
g. (　　)今日も稽古しました。

内容2　花言葉

ウォーミングアップ

スタイル：解説

提示単語：

水溜り　　ヒリガデ　　トキ　　ニュアンス　　しょっぱい　　でしゃばる
合わさる　　キャラ　　脇役　　ラエル節　　バイプレーヤー　　プレーン
ウエイター　　然り気ない　　スキル　　オーラ　　放っておく　　メイン
たたずむ　　場数を踏む　　臨機応変　　テンション　　感受性
ニュートラル　　ポジション　　プレッシャー　　紅色　　深森　　加減

その1

〇　次の問題を考えながら聞きましょう。

1. 今月は何月ですか。
2. 今月の花は何ですか。

メモ

1の選択肢

a. 5月です。　　　　　　　　　　b. 6月です。
c. 7月です。　　　　　　　　　　d. 8月です。

2の選択肢

a. カサ　　　　　　　　　　　　b. トリ
c. トキ　　　　　　　　　　　　d. トキソウ

〇　では、更に次の問題を意識しながらもう一度聞きましょう。

1. 今月の花はどんな色をしていますか。

2. 今月の花言葉は何ですか。

メモ

1の選択肢
a. トキの頭の色に近い色　　　　b. トキの首の色に近い色
c. トキの足の色に近い色　　　　d. トキの羽の色に近い色

2の選択肢
a. 天使様　　　　　　　　　　　b. 控え目
c. 肉じゃが　　　　　　　　　　d. 本来の味

○ もう一度聞いて、次の問題に答えましょう。
　　1. (　　)に擬音・擬態語を書き入れてください。
　　2. 今月の花言葉はどんな意味で使われていますか。

メモ

1の答え
① (　　　　)、雨の季節。
② そして、ヒリガデも6週年になりました。(　　　　)なのです。
③ 雨の季節には入り、始まったね。ヒリガデだからこそ、こう、(　　　　)いっぱいいっぱい、輝きたいなあって思ったりしています。

2の選択肢
a.「内輪」の意味　　b.「遠慮」の意味　　c.「適当」の意味　　d.「制限」の意味

その2

○ 次の問題を考えながら聞きましょう。
　　1. この人はどんな役をもらったときに悩むと言っていますか。
　　2. 事情を適当に処理するためには、どんな能力が必要だと言っていますか。

第14課　自分を表現して(解説)

　　3.「控え目」を説明するため、実生活の一例を挙げましたが、それは誰の例ですか。

メモ

1の選択肢
　a. 主役　　　　　　　　　　　b. 脇役
　c. 控えなければならない役　　d. 目立たなければならない役

2の選択肢
　a. 状況判断能力　　　　　　　b. 状況推測能力
　c. 実際生活能力　　　　　　　d. 自分抑制能力

3の選択肢
　a. お客さんの例です。　　　　b. 職員の例です。
　c. 役者さんの例です。　　　　d. 店員さんの例です。

○　では、更に次の問題を意識しながらもう一度聞きましょう。
　　1.「お茶をどうぞ」というウエイターさんの役について、どう思っていますか。
　　2. いいカフェにいる、できるウエイターさんとはどんな存在ですか。

メモ

1の選択肢
　a. ちょっと難しいです。
　b. 大変易しいです。
　c. 難しいようで実は易しいです。
　d. 易しいようで実は難しいです。

2の選択肢
　a. いつもそばにいる存在
　b. いつもそばにいない存在
　c. 必要な時だけ来てくれる存在
　d. 呼ばれたら来てくれる存在

○ もう一度聞いて、次の問題に答えましょう。
1. 内容と合っているものに○を、違っているものに×をつけてくさい。
2. 控え目な人は目立っていないのに、なぜ印象に残るのですか。その理由を話してみてください。

メモ

1の選択肢
a. (　)相手がいい状態でいられるために、自分が一歩引くべきです。
b. (　)メインの人はいつも人間関係のプロです。
c. (　)実生活の中で目立たないほうがいいです。
d. (　)職業の面でも生活の面でも、控え目というのは難しいことです。

2の答え_____
_____

その3

○ 次の問題を考えながら聞きましょう。
1. 程好い控え目を知るためには、どうすればいいですか。
2. 来月の花は何の花ですか。花言葉は何ですか。

メモ

1の選択肢
a. よく先生に指導してもらいます。
b. よく達人に習います。
c. よく観察します。
d. よく体感します。

2の選択肢
a. 来月の花はさくらで、花言葉はせいしゅんです。

第14課　自分を表現して（解説）

　　b. 来月の花はざくろで、花言葉はせいしゅんです。
　　c. 来月の花はさくらで、花言葉はせいじゅくです。
　　d. 来月の花はざくろで、花言葉はせいじゅくです。

○　では、更に次の問題を意識しながらもう一度聞きましょう。
　　1. どうして「控え目っていうのは、難しいですよね」と言っていたのですか。
　　2. 来月の花言葉は「プレッシャーが出てくる言葉ですね」と言っていましたが、それはどうしてですか。

メモ

1の選択肢
　a. 人によって目的が違うから
　b. 場所によって判断が違うから
　c. 国によって習慣が違うから
　d. 仕事によってやり方が違うから

2の選択肢
　a. 成熟したものは発展する空間が少ないから
　b. 成熟したものはいつも重く感じるから
　c. 成熟するために、頑張らなければならないから
　d. 成熟するために、自分を変えなけばならないから

○　もう一度聞いて、次の問題に答えましょう。
　控え目について内容と合っているものに○を、違っているものに×をつけてください。

メモ

選択肢
a. (　　)ほどよくやらなければなりません。

b. (　　)臨機応変に合わせてしなければなりません。
c. (　　)何度も何度も繰り返さないと、身に付けることができません。
d. (　　)目立たない存在ですが、すごいパワーの持ち主です。
e. (　　)主役になっている人ばかりに注目します。
f. (　　)損がないスキルです。

興味があったら、http://www.jam-st.ne.jp/ch1/ch1_healing.html に登録して、他の花言葉を聞いてみてください。

課外でチャレンジしましょう

自分の目指すもの

ウォーミングアップ

スタイル：DJ コンテスト発表

提示単語：

トーク	百合科(ゆりか)	ねぎ属(ぞく)	多年生(たねんせい)	花茎(かけい)	鱗茎(りんけい)	臭気(しゅうき)	コロン
ちっこい	乙女(おとめ)	ギャンブル	ちっちゃい	ラブリー	パサッパ
プロレス	持ち味(もちあじ)	アイデンティティー	ナンパ	てんこ盛り(もり)
はみ出す(だ)	振り付け(ふつ)	ダンサー	欲張り(よくば)	凝縮(ぎょうしゅく)	パウンドケーキ
レーズン	オレンジピール	ラム	フレーバー	ラッピング	リスナー
呼び寄せる(よ)	遠吠え(とおぼ)	地道(じみち)

○ 次の問題を考えながら聞きましょう。

1. 小林由美子さんは何が好きですか。それはどうしてですか。
2. 大介さんはもともと何になりたかったのですか。それはなぜですか。
3. コサカジュンペイさんはどうすれば自分のことが分かると思っていますか。
4. マヤッキーさんはどうして自分の癖を言ったのですか。
5. コタニカズユキさんは周りの人にどう評価されましたか。

第 15 課　　やさしさよ(対談)

内容 1　レディオ・ユー

ウォーミングアップ

スタイル：対談

提示単語：

奥(おく)の細(ほそ)道(みち)　　稽古場(けいこば)　　膨(ふく)らむ　　ビジュアル　　芭蕉(ばしょう)　　夏目漱石(なつめそうせき)
寺田寅彦(てらだとらひこ)　　タイムマシーン　　時空(じくう)　　トップバッター　　吾輩(わがはい)は猫(ねこ)である
相手役(あいてやく)　　群舞(ぐんぶ)　　バレエ　　どっすんばったん　　項(うな)垂(だ)れる　　クライマックス
先頭(せんとう)　　最長記録(さいちょうきろく)　　詰(つ)め込(こ)む　　バージョン　　エキセントリック　　収録(しゅうろく)
無謀(むぼう)　　見込(みこ)む　　出演者(しゅつえんしゃ)　　手一杯(ていっぱい)　　世知辛(せちがら)い

その 1

○　次の問題を考えながら聞きましょう。

　1. この番組はどこで録音したものですか。
　2. この 2 人は何について話していますか。

メモ

1の選択肢
　a. 公演会場　　　　　　　　　　b. 公演の練習場
2の選択肢
　a. 女性のライブ活動について　　　b. 演劇の技術について
　c. 公演内容について　　　　　　　d. 文学者について

○　では、更に次の問題を意識しながらもう一度聞きましょう。
　　1. 女の人は、どんなときに公演全体のイメージがつかめると言っていますか。
　　2. この公演は音楽も使いますか。

メモ

1の選択肢
　a. 脚本を読んだ時　　　　　　　　b. 部分部分の稽古をした時
　c. 自分で演じてみた時　　　　　　d. 通し稽古をした時
2の選択肢
　a. はい、使います。　　　　　　　b. いいえ、使いません。

○　もう一度聞いて、次の問題に答えましょう。
　　1. この女の人が出る場面は、どんな時ですか。
　　2. 内容と合っているものに○を、違っているものに×をつけてください。

メモ

1の選択肢
　a. 現代　　　　　　　　　　　　　b. 寺田寅彦の時代
　c. 夏目漱石の時代　　　　　　　　d. 未来
2の選択肢
　a. (　　) 男性は、脚本を読めば舞台のイメージをつかめると考えています。
　b. (　　) この公演は、映画のようなストーリーです。

c. (　　)女性は、トップバッターをするのは大変だと思っています。
d. (　　)男性も女性も、トップバッターは自由に演技ができると思っています。

その2

○ 次の問題を考えながら聞きましょう。
1. 女の人は1人で芝居をしますか。
2. 女の人はこの役を難しいと思っていますか。
3. 男の人は女の人の稽古を見てどう思っていますか。

メモ

1の選択肢
 a. はい　　　　　　　　　　　　b. いいえ
2の選択肢
 a. はい　　　　　　　　　　　　b. いいえ
3の選択肢
 a. 難しい　　　　　　　　　　　b. なんともいえない
 c. わからない　　　　　　　　　d. 楽しい

○ では、更に次の問題を意識しながらもう一度聞きましょう。
1. 女の人はどんな役で舞台に出演しますか。
2. 女の人は、この役のどんなところが難しいと思っていますか。
3. 女の人たちのチームは何を目的にして練習していますか。

メモ

1の選択肢
 a. 朗読をする役　　　　　　　　b. 朗読を聞く役
 c. マイクの前でしゃべる役　　　d. 背を向けて動く役

2の選択肢

  a. ひとりでしゃべるところ
  b. マイクの前でしゃべるところ
  c. 相手役に向かってしゃべるところ
  d. お客さんに向かってしゃべるところ

3の選択肢

  a. 無意識に演技すること   b. 様様な距離感を出すこと
  c. 自由に動くこと   d. 個性を出すこと

○ もう一度聞いて、次の問題に答えましょう。

  1. 内容と合っているものに○を、違っているものに×をつけてください。
  2. この女の人は、この男に稽古の評価をされて、どう思っていますか。

メモ

1の選択肢

  a. (   ) 公演で、女性は『吾輩は猫である』の最初の部分を朗読します。
  b. (   ) 女性は舞台で演技することに慣れています。
  c. (   ) 女性のチームは自分たちの演技を客観的に見ています。
  d. (   ) 男性は、このチームの演技に厳しいアドバイスをしました。

2の選択肢

  a. 嬉しい   b. 恥ずかしい   c. おもしろい   d. 楽しい

その3

○ 次の問題を考えながら聞きましょう。

  1. 今、何について話していますか。
  2. 男は、どうして女の人を誉めているのですか。

メモ

第 15 課　やさしさよ (対談)

1 の選択肢
  a. 1場のこと　　　　　　　　b. 2場のこと

2 の選択肢
  a. 頑張っているから　　　　　b. 体の動きがきれいだから
  c. 集中しているから　　　　　d. 長く出ているから

○　では、更に次の問題を意識しながらもう一度聞きましょう。
  1. 女は1場で何をしますか。
  2. 女と男は、何が難しいと言っていますか。

メモ

1 の選択肢
  a. 踊りをします。　　　　　　b. バレエをします。
  c. 朗読をします。　　　　　　d. 演技をします。

2 の選択肢
  a. バレエ　　　　　　　　　　b. 激しい動き
  c. 普通の動作　　　　　　　　d. みんなと一緒になること

○　もう一度聞いて、次の問題に答えましょう。
  内容と合っているものに○を、違っているものに×をつけてください。

メモ

選択肢
a. (　　) 女の人は、2場のほうが難しいと思っていました。
b. (　　) 女の人は昔バレエをやったことがあります。
c. (　　) 役者たちはみんな、自然な動作が得意です。
d. (　　) 女の人は、こんなに長く舞台に出るのは初めてです。

その4

○ 次の問題を考えながら聞きましょう。
   1. この女の人が今、している活動に〇をつけてください。
   2. 男の人は、女の人が忙しいと思っていますか。

メモ

1の選択肢
  a. (　　)公演の稽古
  b. (　　)朗読
  c. (　　)ライブ
  d. (　　)前のライブの収録

2の選択肢
  a. はい　　　　　　　　　　　　b. いいえ

○ では、更に次の問題を意識しながらもう一度聞きましょう。
   1. 男の人はどんな感じで前のライブの収録をしたいですか。
   2. 収録はいつの予定ですか。
   3. 『サウンドスケッチ』は誰が書いたものですか。

メモ

1の選択肢
  a. エキセントリックな感じ　　　　b. 落ち着いた感じ

2の選択肢
  a. 公演前　　　　　　　　　　　　b. 公演中
  c. 公演後　　　　　　　　　　　　d. 未定

第15課　やさしさよ（対談）

3の選択肢
- a. 女性が書いたもの
- b. 男性が書いたもの
- c. 脚本家が書いたもの
- d. ネットで募集したもの

○　もう一度聞いて、次の問題に答えましょう。
　　内容と合っているものに○を、違っているものに×をつけてください。

メモ

選択肢
a. (　　　) 男の人は女の人に多くの仕事を与えました。
b. (　　　) 女の人は、楽に今の仕事をしています。
c. (　　　) 男の人は、この女の人は仕事ができる人だと思っています。
d. (　　　) 『サウンドスケッチ』はネットライブです。

その5

○　次の問題を考えながら聞きましょう。
1. この公演の稽古時間はあとどれくらいありますか。
2. この公演は約何時間ですか。

メモ

1の選択肢
- a. たくさんあります。
- b. そんなにありません。
- c. もうありません。

2の選択肢
- a. 1時間
- b. 1時間半
- c. 2時間
- d. 2時間半

○ では、更に次の問題を意識しながらもう一度聞きましょう。
1. この公演の出演者はどんな人が多いですか。
2. 女の人がリスナーに残したメッセージの内容と合っているものに○を、違っているものに×をつけてください。

メモ

1の選択肢
a. 若い人　　　　　　　　　　b. 年配の人
c. 女の人　　　　　　　　　　d. 男の人

2の選択肢
a. (　　)いいお酒が飲めるように頑張ります。
b. (　　)個性がある公演です。
c. (　　)リラックスした雰囲気の公演です。
d. (　　)リラックスして見てください。

○ もう一度聞いて、次の問題に答えましょう。
内容と合っているものに○を、違っているものに×をつけてください。

メモ

選択肢
a. (　　)女の人はほかの役者にアドバイスをする立場です。
b. (　　)女の人はアドバイスすることを断りました。
c. (　　)この公演は朗読劇らしい公演です。
d. (　　)女の人はこの公演はちょっと難しいと思っています。

第15課　やさしさよ（対談）

内容2　花言葉

ウォーミングアップ

スタイル：解説

提示単語：

キンモクセイ　　チューリップ　　ヒマワリ　　南天(なんてん)　　シンプル　　メロディー
すっぽり　　歌(うた)い上(あ)げる　　レコーディング　　ロサンゼルス　　吉祥寺(きちじょうじ)
表参道(おもてさんどう)　　汐留(しおどめ)　　切(せつ)ない　　ナンバー

その1

○　次の問題を考えながら聞きましょう。
　　1.　女の人の実家の庭の花は、誰が育てていますか。
　　2.　キンモクセイの枝はどうなりましたか。

メモ

1の選択肢
　a. 女の人　　　　　　　　　　　b. 女の人のお母さん
　c. 女の人のおばあさん　　　　　d. 女の人のおじいさん

2の選択肢
　a. 誰かに切られました。　　　　b. 誰かに折られました。
　c. 誰かに取られました。　　　　d. 誰かに売られました。

○　では、更に次の問題を意識しながらもう一度聞きましょう。
　　1.　キンモクセイはいつ咲く花ですか。
　　2.　キンモクセイが折られて、女の人はどんな気持ちになりましたか。
　　3.　キンモクセイが折られて、おばあさんはどんな気持ちになりましたか。

メモ

1 の選択肢
  a. 春　　　　　　　b. 夏　　　　　　c. 秋　　　　　　d. 冬

2 の選択肢
  a. 苦しい気持ち　　　　　　　b. 怒る気持ち
  c. 悲しい気持ち　　　　　　　d. 喜ぶ気持ち

3 の選択肢
  a. 苦しい気持ち　　　　　　　b. 怒る気持ち
  c. 悲しい気持ち　　　　　　　d. 喜ぶ気持ち

○ もう一度聞いて、次の問題に答えましょう。
　1. 内容と合っているものに○を、違っているものに×をつけてください。
　2. 女の人は、なぜ悲しくなったのですか。

メモ

1 の選択肢
  a. (　　) キンモクセイの花はオレンジ色で、小さいです。
  b. (　　) 女の人の実家の庭は1年中きれいです。
  c. (　　) 女の人は、庭の花を誰にもあげたくないです。
  d. (　　) 女の人はおばあさんをなぐさめました。

2 の選択肢
  a. キンモクセイが折られたから
  b. 知らない人が何も言わなかったから
  c. おばあちゃんが悲しい顔をしたから
  d. おばあちゃんに長生きして欲しいから

その２

○ 次の問題を考えながら聞きましょう。

1. 女の人はなぜこの曲を紹介したのですか。
2. この曲の歌手の名前は何ですか。
3. この歌手のライブはいつありますか。

メモ

1の選択肢
 a. 何と表現したらいいか分からない曲だから
 b. とっても悲しい曲だから
 c. このときと同じような気持ちになった曲だから
 d. ちょっと表現しにくい曲だから

2の選択肢
 a. タナベナオ　　　　　　　　　b. ワタナベナオ
 c. タナベノオ　　　　　　　　　d. ワタナベノオ

3の選択肢
 a. 10月　　　　　　　　　　　　b. 11月
 c. 10月と11月

○ では、更に次の問題を意識しながらもう一度聞きましょう。

1. この歌手は今、どこにいますか。
2. この放送は何月のものですか。
3. 女の人は、この曲を聞いたらどんな気持ちになると言っていますか。

メモ

1の選択肢
 a. ロサンゼルス　　　　　　　　b. 日本

2の選択肢

a. 8月
b. 9月
c. 10月
d. 11月

3の選択肢

a. 暖かい気持ち
b. 広い気持ち
c. 素直な気持ち
d. 切ない気持ち

○ もう一度聞いて、次の問題に答えましょう。

1. 女の人が紹介している内容と合っているものに○を、違っているものに×をつけてください。
2. 歌詞の内容と合っているものに○を、違っているものに×をつけてください。

メモ

1の選択肢

a. (　　) この曲の歌詞は暖かい感じがします。
b. (　　) この歌手のライブは、すべて無料です。
c. (　　) この歌手のホームページにはライブの情報が載っています。
d. (　　) この曲は、素直な気持ちで聞くことをすすめられています。

2の選択肢

a. (　　) 祖母が泣いています。
b. (　　) 祖母は私に、母のことを頼んでいます。
c. (　　) 私は祖母に話しかけています。

課外でチャレンジしましょう

思い出に残る映画

ウォーミングアップ

スタイル:紹介
提示単語:

ベストスリー　　チャーリーシーン　　ネイビー・シールズ　　特殊部隊(とくしゅぶたい)
極秘任務(ごくひにんむ)　ダイビング　潜入(せんにゅう)　タイミング　傍(かたわ)ら　ボランティア
思い入(おもい)れ　ドラえもん　のび太とアニマルプラネット　粗筋的(あらすじてき)　惑星(わくせい)

その1

○ 次の問題を考えながら聞きましょう。
1. 話し手の思い出に残っている映画はどんな映画ですか。
2. 話し手がアメリカ留学を決めた原因はその映画だけですか。
3. 話し手にとって一番印象深かったのはどんなシーンですか。

その2

○ 次の問題を考えながら聞きましょう。
1. 倉持麻衣子さんは何の映画を勧めていますか。
2. その映画には大きなテーマがありますが、それは何ですか。
3. 倉持麻衣子さんはどうしてその映画を勧めているのですか。

第16課　ニュース[スポーツ]
（ラジオニュース）

内容1

ウォーミングアップ

スタイル：ラジオニュース
提示単語：

パラリンピック　　取りやめる　　相次ぐ（あいつ）　　江東区（こうとうく）

○　次の問題を考えながら聞きましょう。
1. これは何についてのニュースですか。
2. 埼玉スーパーアリーナはどんなところですか。

メモ

1の選択肢
- a. 施設の変更について
- b. 会場計画の変更について
- c. 競技日程の変更について
- d. 場所の変更について

2の選択肢
- a. 新たにできた施設
- b. 建設中の施設
- c. すでに使われている施設
- d. 計画中の施設

第16課　ニュース［スポーツ］（ラジオニュース）

○　では、更に次の問題を意識しながらもう一度聞きましょう。
　　1. どうして施設の建設案を変更したのですか。
　　2. その計画について正しいのはどれですか。

メモ

1の選択肢
　　a. 交通の便が良くないから
　　b. 建設費が高いから
　　c. 土壌が汚染されているから
　　d. 住民が反対しているから
2の選択肢
　　a. すべての会場を変更しなければなりません。
　　b. 江東区に変更されました。
　　c. 国際オリンピック委員会の許可をもらいました。
　　d. 新しい施設の建設を中止しました。

○　もう一度聞いて、次の問題に答えましょう。
　　内容と合っているものに○を、違っているものに×をつけてください。

メモ

選択肢
a. (　　) 会場を埼玉スーパーアリーナに変更しようとしています。
b. (　　) この計画は、地元の人から反対されました。
c. (　　) 東京都や大会の準備を担う組織委員会が会場の見直しを始めています。
d. (　　) 新たに建設された会場は埼玉市にあります。

245

内容 2

ウォーミングアップ

スタイル：ラジオニュース

提示単語：

ブランド　発信(はっしん)　東京都庁(とうきょうとちょう)　掲(かか)げる　提言(ていげん)

○ 次の問題を考えながら聞きましょう。

1. これは何についてのニュースですか。
2. 去年、どのぐらいの外国人旅行者が日本を訪れましたか。

メモ

1の選択肢

a. オリンピックのための都市建設について
b. 東京都庁の会議について
c. 外国人旅行者の問題について
d. 東京の都市としてのブランド戦略について

2の選択肢

a. 20万人　　b. 60万人　　c. 681万人　　d. 1500万人

○ では、更に次の問題を意識しながらもう一度聞きましょう。

1. 会議の主旨は何ですか。
2. 前田副知事のほかにどんな人が会議に参加しましたか。

メモ

第16課　ニュース［スポーツ］（ラジオニュース）

1の選択肢
  a. 外国人旅行者急増の対策
  b. 東京の多様なイメージの宣伝
  c. オリンピック・パラリンピックの安保
  d. 先進的文化と伝統文化との融合

2の選択肢
  a. 観光や広告分野の専門家　　　　b. 交通整備の専門家
  c. 伝統文化の専門家　　　　　　　d. 国際交流の専門家

○　もう一度聞いて、次の問題に答えましょう。
  内容と合っているものに○を、違っているものに×をつけてください。

メモ

選択肢
a. (　　) オリンピックのため、去年から東京を訪れる外国人観光客が増えてきました。
b. (　　) 6年後、去年の2倍以上に外国人観光客を増やすのが目標です。
c. (　　) 東京が今直面している大きな課題は、どのようにして伝統文化を守るかです。
d. (　　) 来年1月に東京のブランド戦略に向けた報告書をまとめて都に提言します。

内容3

ウォーミングアップ

スタイル：ラジオニュース
提示単語：
福原愛（ふくはらあい）　本格的（ほんかくてき）　序盤（じょばん）　要所（ようしょ）　連取（れんしゅ）　追い込む（おいこむ）　フォア

○　次の問題を考えながら聞きましょう。
  1. 福原愛の何について話していますか。
  2. 試合の結果はどうでしたか。

メモ

1の選択肢
　a. 負傷について　　　　　　　　b. 回復について
　c. 復帰について　　　　　　　　d. 引退について

2の選択肢
　a. 4対0で福原愛の勝ちでした。
　b. 4対0でロシア選手の勝ちでした。
　c. 4対1で福原愛の勝ちでした。
　d. 4対1でロシア選手の勝ちでした。

○　では、更に次の問題を意識しながらもう一度聞きましょう。
　　　（　　）に適当な言葉を書き入れて、その意味を推測してみてください。

メモ

答え
a.　しかし、（　　　　）の感覚が戻らず、序盤ミスを（　　　　）します。
　　意味：＿＿＿＿＿＿＿＿
b.　それでも、要所で決めて3ゲームを（　　　　）。
　　意味：＿＿＿＿＿＿＿＿

○　もう一度聞いて、次の問題に答えましょう。
　　福原さんはどうして数ヶ月間公式戦に出場しなかったのですか。

メモ

選択肢
a. 右足の小指が疲労骨折したから
b. 左足の小指が疲労骨折したから
c. 右足の大指が疲労骨折したから
d. 左足の大指が疲労骨折したから

内容4

ウォーミングアップ

スタイル：ラジオニュース

提示単語：

メジャー　　ツアー　　ラウンド　　ピンチ　　パーパット　　ピン　　バーディー

○ 次の問題を考えながら聞きましょう。
1. 竹谷選手の試合結果はどうでしたか。
2. 竹谷選手について、正しいのはどれですか。

メモ

1の選択肢

a. 首位を守りました。　　　　　b. 3番目でした。
c. 4番目でした。　　　　　　　d. 初優勝しました。

2の選択肢

a. 今日は調子よく、順調にやってきました。
b. プロ選手ではありません。
c. 今まで優勝したことがありません。
d. 12番でミスをしてしまいました。

○ では、更に次の問題を意識しながらもう一度聞きましょう。
（　）に適当な言葉をカタカナで書き入れて、その意味を推測してみてください。

メモ

答え
a. 好調なパットでしのぎ、(　　　)に乗ります。
　　意味：＿＿＿＿＿＿＿
b. ピンそばにつけてバーディー。(　　　)を伸ばします。
　　意味：＿＿＿＿＿＿＿

○ もう一度聞いて、次の問題に答えましょう。
竹谷選手の今日の試合について簡単にまとめてください。

メモ

答え
a. 3番：＿＿＿＿＿＿＿
b. 4番第2打：＿＿＿＿＿＿＿
c. 12番：＿＿＿＿＿＿＿

内容5

ウォーミングアップ

スタイル：ラジオニュース
提示単語：
キャンプ　　ストレッチ　　持ち味　　メンタル的　　コンディション　　クロス
シュート

第16課　ニュース［スポーツ］（ラジオニュース）

○　次の問題を考えながら聞きましょう。
　　1. どんなスポーツについてのニュースですか。推測の根拠を言ってみてください。
　　2. ザッケローニ監督がこれから調整の鍵として指摘したのは何ですか。

メモ

1の答え：_____
　　　　　_____

2の選択肢
　a. メンバーの間での協力です。
　b. 本来のスピードを取り戻すことです。
　c. パスやシュートなどの精度を上げることです。
　d. 自分自身を信じることです。

○　では、更に次の問題を意識しながらもう一度聞きましょう。
　　1. 選手たちの話について、正しいのはどれですか。
　　2. ニュース取材の時点はどんな時ですか。

メモ

1の選択肢
　a. 選手たちが失敗の反省点について述べました。
　b. 選手たちに試合に参加した感想について述べました。
　c. 次の試合に臨んで選手たちの考え方について述べました。
　d. 監督の指導方針に対して選手たちがフィードバックしました。

2の選択肢
　a. 試合が終わった時　　　　　　　b. 練習の時
　c. 試合が始まる時　　　　　　　　d. 帰国する時

○ もう一度聞いて、次の問題に答えましょう。
　（　　）に適当な言葉をカタカナで書き入れて、その意味を推測してみてください。

メモ

答え

a. 選手たちは（　　　　）など軽めのメニューで調整していました。
　　意味：_____
b. メンタル的な（　　　　）をしっかり整えないと試合には臨めないと思います。
　　意味：_____
c. しっかりと前を向いて（　　　　）に捉えて進んでいくだけです。
　　意味：_____

内容6

ウォーミングアップ

スタイル：ラジオニュース
提示単語：
リレー　　縦断(じゅうだん)　　たすき　　招致(しょうち)　　ゲストランナー　　ゴール　　後押し(あとお)

○ 次の問題を考えながら聞きましょう。
　1. 1000キロ縦断リレーは何のために行われていますか。
　2. 1000キロ縦断リレーについて正しいのはどれですか。

メモ

1の選択肢
　a. オリンピックの宣伝のため
　b. 地域の絆を深めるため

c. 被災地と東京をたすきでつなぐため
d. 全国健康運動のため

2の選択肢
a. 去年から始まっています。
b. 6年後に始めます。
c. 各地域の有名人が参加しています。
d. オリンピックの招致と同時に決まりました。

○ では、更に次の問題を意識しながらもう一度聞きましょう。
1. リレーはどこからどこまでですか。
2. 東京都は、リレーを通して、何を実現したいと話していますか。

メモ

1の選択肢
a. 東京都庁から岩手県江東区まで
b. 茨城県庁から福島県江東区まで
c. 青森県庁から東京江東区まで
d. 宮城県庁から千葉県江東区まで

2の選択肢
a. 復興を後押しするとともに地震の被害を早く忘れるようにしたい。
b. 復興を後押しするとともに地震の怖さを忘れないようにしたい。
c. 復興を後押しするとともに震災の記憶を風化にするようにしたい。
d. 復興を後押しするとともに震災の記憶を風化させないようにしたい。

○ もう一度聞いて、次の問題に答えましょう。
リレーの路線を話してみてください。日本地図を使って確かめてください。

メモ

答え
_____
_____

内容 7

ウォーミングアップ

スタイル：ラジオニュース

提示単語：

| <ruby>波乱<rt>はらん</rt></ruby> | <ruby>大砂嵐<rt>おおすなあらし</rt></ruby> | <ruby>鶴竜<rt>かくりゅう</rt></ruby> | <ruby>土俵<rt>どひょう</rt></ruby> | <ruby>千代丸<rt>ちよまる</rt></ruby> | <ruby>高安<rt>たかやす</rt></ruby> | <ruby>千代鳳<rt>ちよおおとり</rt></ruby> | <ruby>琴奨菊<rt>ことしょうぎく</rt></ruby> |
| <ruby>白鵬<rt>はくほう</rt></ruby> | <ruby>日馬富士<rt>はるまふじ</rt></ruby> | <ruby>嘉風<rt>よしかぜ</rt></ruby> |

○ 次の問題を考えながら聞きましょう。
1. 大砂嵐と鶴竜の試合の結果はどうでしたか。
2. 嘉風と白鵬の試合の結果はどうでしたか。

メモ

1の選択肢
 a. かちあげで大砂嵐の勝ち　　b. 巻き替えで大砂嵐の勝ち
 c. かちあげで鶴竜の勝ち　　　d. 巻き替えで鶴竜の勝ち

2の選択肢
 a. 突き押しで嘉風の勝ち　　　b. はたきこみで嘉風の勝ち
 c. 突き押しで白鵬の勝ち　　　d. はたきこみで白鵬の勝ち

○ では、更に次の問題を意識しながらもう一度聞きましょう。
　中入り後の勝敗をまとめてください。

メモ

第16課　ニュース［スポーツ］（ラジオニュース）

答え
千代丸：＿＿＿＿　　　　高　安：＿＿＿＿
遠　藤：＿＿＿＿　　　　琴奨菊：＿＿＿＿

○　もう一度聞いて、次の問題に答えましょう。
　　内容と合っているものに〇を、違っているものに×をつけてください。

メモ

選択肢
a.（　　）大砂嵐はエジプト出身の力士です。
b.（　　）大砂嵐はよく相手にかちあげを見せます。
c.（　　）鶴竜は横綱ではありません。
d.（　　）日馬富士は白鵬に負けました。

課外でチャレンジしましょう

内容1

ウォーミングアップ

スタイル：ラジオニュース
提示単語：
トップリーグ　　プロリーグ　　創設(そうせつ)　　合意(ごうい)　　連盟(れんめい)

○　次の問題を考えながら聞きましょう。
　1. 両リーグとは何ですか。
　2. 両リーグの何についてのニュースですか。
　3. 10月までに改善できなければどうなりますか。

内容2

ウォーミングアップ

スタイル：ラジオニュース

提示単語：

番付(ばんづけ)　千代の富士(ちよのふじ)　豪栄道(ごうえいどう)

○ 次の問題を考えながら聞きましょう。

1. 白鵬はこれまで何回優勝しましたか。
2. 30回の優勝を果たした力士は誰ですか。
3. 豪栄道はどんな成績を収めましたか。

内容3

ウォーミングアップ

スタイル：ラジオニュース

提示単語：

柔道(じゅうどう)　メダリスト　復活(ふっかつ)　合宿(がっしゅく)　敗退(はいたい)　足技(あしわざ)

○ 次の問題を考えながら聞きましょう。

1. 中村選手はこれからどの大会に参加しますか。
2. 中村選手は、ロンドンオリンピックで優勝しましたか。
3. 「2連覇」というのは何を指していますか。

内容 4

ウォーミングアップ

スタイル：ラジオニュース

提示単語：

率(ひき)いる　詰(つ)め掛(か)ける　開幕戦(かいまくせん)

○ 次の問題を考えながら聞きましょう。

1. 今度の合宿に何人参加しましたか。
2. 本田選手とアギーレ監督との付き合いは長いですか。

内容 5

ウォーミングアップ

スタイル：ラジオニュース

提示単語：

ドルトムント　イングランドプレミアリーグ　マンチェスターユナイテッド
ユニフォーム　フライブルク

○ 次の質問を考えながら聞きましょう。

1. 香川選手は今どのチームで活躍していますか。
2. 香川選手の背番号は何番ですか。
3. 香川選手はずっと今のチームですか。

内容 6

ウォーミングアップ

スタイル：解説

提示単語：
空手（からて）　突き（つき）　蹴り（けり）　型（かた）　組手（くみて）　敬う（うやまう）　鍛錬（たんれん）

○ 次の問題を考えながら聞きましょう。
1. 空手がオリンピックの正式種目になるのはいつからですか。
2. 空手の試合にはいくつの形式がありますか。
3. 「組手」と「型」とは、どのような違いがありますか。
4. 空手の授業では、どんなものが培われますか。
5. 日本の空手の精神は何ですか。

第17課　生き方[ライフ/携帯小説/声優の紹介](対談)

内容1　ライフ

ウォーミングアップ

スタイル：対談

提示単語：
声優（せいゆう）　朗読協会（ろうどくきょうかい）　ワークショップ　稽古（けいこ）　シーフレンズ　演技（えんぎ）
公演（こうえん）　大江戸線（おおえどせん）　赤羽橋駅（あかばねばしえき）　乳（にゅう）がん摘出手術（てきしゅつしゅじゅつ）　コーディネーター
本来業務（ほんらいぎょうむ）　タフ　ディープラッツ　前売り（まえうり）　ローソンチケット

259

その1

○ 次の問題を考えながら聞きましょう。
1. この女の人の名前のただしい読み方はどれですか。
2. この女の人は何のためにここに来たことがありますか。

メモ

1の選択肢
 a. つづみさつき　　　　　　b. つつみさつき
 c. つづみさづき　　　　　　d. つつみさづき

2の選択肢
 a. 朗読会に参加するために
 b. ワークショップに参加するために
 c. 舞台の稽古のために

○ では、更に次の問題を意識しながらもう一度聞きましょう。
この女の人は何で忙しいですか。

メモ

選択肢
 a. 朗読の練習で
 b. 舞台の稽古で
 c. ワークショップの宣伝で

○ もう一度聞いて、確認しましょう。

第17課　生き方［ライフ/携帯小説/声優の紹介］（対談）

その2

○ 次の問題を考えながら聞きましょう。
1. 女の人の出演している舞台の名前は何ですか。
2. 今度の舞台は何から生まれたものですか。

メモ

1の選択肢
 a. 生き方　　　　　　　　b. 人生
 c. シーフレンズ　　　　　d. ライフ

2の選択肢
 a. 劇団　　　　　　　　　b. ワークショップ
 c. テレビドラマ

○ では、更に次の問題を意識しながらもう一度聞きましょう。
1. シーフレンズを主催する人の名前は何ですか。
2. 舞台に使う作品はどんなものですか。

メモ

1の選択肢
 a. しらみねゆりこ　　　　b. しろみねゆりこ
 c. しらむねゆりこ

2の選択肢
 a. もともとある作品　　　b. 熱い思いのある作品
 c. 完全なオリジナル作品

○ もう一度聞いて、次の問題に答えましょう。
シーフレンズというのは何ですか。

メモ

選択肢
a. 演劇する人たちの集団
b. 「ライフ」に出ている人たち
c. 女の人の友だち

その3

○ 次の問題を考えながら聞きましょう。
1. 公演期間はいつからいつまでですか。
2. 公演の回はどれですか。

メモ

1の選択肢
a. 3月4日～14日まで
b. 3月8日～14日まで
c. 3月4日～11日まで
d. 3月8日～11日まで

2の選択肢
a. 毎日の昼間と夜です。
b. 毎日の夜です。
c. 夜は毎日ですが、昼間はやらない日もあります。

○ では、更に次の問題を意識しながらもう一度聞きましょう。
1. 劇場の最寄りの駅はどれですか。

第 17 課　生き方［ライフ/携帯小説/声優の紹介］(対談)

　　2. 夜の公演はいつまでですか。

メモ

1 の選択肢
　a. 六本木　　　　　b. 赤羽　　　　　c. 赤羽橋　　　　　d. 大江戸

2 の選択肢
　a. 17 時まで
　b. 毎日の夜まで
　c. 最後の日以外は 17 時まで
　d. 最後の日以外は夜まで

○　もう一度聞いて、確認しましょう。

その 4

○　次の問題を考えながら聞きましょう。
　　1. 女の人はどんな役で出演しているのですか。
　　2. 主人公の名前は何ですか。

メモ

1 の選択肢
　a. 40 代の主婦　　　　b. お母さん　　　　c. 家族の中の長女

2 の選択肢
　a. さつきさん　　　　b. かなこさん　　　　c. さなこさん

○　では、更に次の問題を意識しながらもう一度聞きましょう。
　　1. 誰が乳がん摘出手術を受けましたか。
　　2. 結婚を間近に控えた人は誰ですか。

3. 長女の夢は何ですか。

メモ

1の選択肢
　a. 主人公　　　　　　　b. 長女　　　　　　　c. 次女
2の選択肢
　a. 主人公　　　　　　　b. 長女　　　　　　　c. 次女
3の選択肢
　a. 資格を取ること
　b. 結婚すること
　c. インテリアコーディネーターになること

○　もう一度聞いて、次の問題に答えましょう。
　　これはどういうストーリーですか。

メモ

選択肢
　a. 家族のストーリー　　　b. 恋愛のストーリー　　　c. 人生のストーリー

その5

○　次の問題を考えながら聞きましょう。
　　1. この劇で一番伝えたいことは何ですか。
　　2. 最近、自分の生き方が分からない人はどんな人ですか。

メモ

第17課　生き方［ライフ/携帯小説/声優の紹介］（対談）

1の選択肢
　a. 生き方　　　　　　　　　　b. 健康の大切さ
　c. 主人公の闘病生活

2の選択肢
　a. 若い人　　　　　　　　　　b. 中高年の人
　c. 熟年の人　　　　　　　　　d. 若い人と中高年の人

○　では、更に次の問題を意識しながらもう一度聞きましょう。
　　1. 主人公の病気は何ですか。
　　2. 内容に合っているものに○を、違っているものに×をつけてください。

メモ

1の選択肢
　a. 乳癌　　　　　b. 胃癌　　　　　c. 不妊症

2の選択肢
　a.（　　）人生は、いつ何が起こるか分からないものです。
　b.（　　）この主人公は順風満帆な人生を送っています。
　c.（　　）年配の人のほうが人生がよく分かっています。
　d.（　　）大人になってから、自分の人生が分からなくなった人がけっこういます。
　e.（　　）子供が小さい時の離婚は熟年離婚と言います。

○　もう一度聞いて、次の問題に答えましょう。
　　次の（　　）に適当な言葉を書き入れてください。
　　男：何かあると、考えるよね。人間というのは。
　　女：そうですね。（　　　　）、じっくり考えて、また（　　　　）という感じ。
　　男：順調に行ってるように見えて、そんな時に何も考えないんだけど、何か、（　　　　）があった時に、（　　　　）、自分の人生は何だろう。
　　女：だから、その時（　　　　）かもしれないけど、その時が（　　　　）だったり、っていうあるんじゃないんですか。

その6

○ 次の問題を考えながら聞きましょう。

1. 女の人の本業は何ですか。
2. 稽古が終わる時間と仕事が始まる時間はそれぞれ何時ですか。

メモ

1の選択肢
 a. 声優です。   b. 女優です。

2の選択肢
 a. 8時と9時   b. 9時と10時

○ では、更に次の問題を意識しながらもう一度聞きましょう。

1. 女の人は何に興味がありますか。
2. 女の人は、体が丈夫になったのは何のおかげだと言っていますか。

メモ

1の選択肢
 a. 稽古   b. 勉強   c. 演技

2の選択肢
 a. 公演   b. 稽古   c. 仕事

○ もう一度聞いて、確認しましょう。

その7

○ 次の問題を考えながら聞きましょう。
1. 劇場の名前は何ですか。
2. 詳しい情報はどこで見られますか。

メモ

1の選択肢
a. ティープラッツ　　　　　　　　b. ディープラッツ
c. ディーブラッツ

2の選択肢
a. 番組のサイト　　　　　　　　　b. 劇場のサイト
c. 女の人のブログ

○ では、更に次の問題を意識しながらもう一度聞きましょう。
1. 劇場の詳しい場所はどこですか。
2. チケットの料金はいくらですか。
3. 平日の料金はいくらですか。

メモ

1の選択肢
a. ガソリンスタンドの向こう　　　b. ガソリンスタンドの横
c. 交差点の左側　　　　　　　　　d. 交差点の右側

2の選択肢
a. 前売りは3 000円、当日は3 300円
b. 前売りは3 500円、当日は3 800円
c. 前売りは3 300円、当日は3 000円

3の選択肢
　a. 前売りは3 000円、当日は3 300円
　b. 前売りは3 500円、当日は3 800円
　c. 前売りは3 300円、当日は3 000円

○　もう一度聞いて、次の問題に答えましょう。
　1. チケットの予約をするにはどうすればいいですか。
　2. 電話番号を書いてみてください。

メモ

1の選択肢
　a. メールで　　　　　　　　　　　　b. ローソンまたは電話で
　c. ファックスで
2の答え
　電話番号＿＿＿＿＿＿＿＿＿＿＿＿

○　もう一度聞いて、確認しましょう。

内容2　携帯小説

ウォーミングアップ

スタイル：対談

提示単語：

カルチャーフロント　　手前味噌（てまえみそ）　　連載（れんさい）　　キャリア　　ジャズピアニスト
露出度（ろしゅつど）　　携帯小説（けいたいしょうせつ）　　配信（はいしん）　　ドコモ　　au　　イージーウェブ
公式サイト（こうしき）　　エンターテイメント　　ボーダフォン　　ぶつ切り（ぎ）　　見識（けんしき）
フォーマ　　スクロール

第17課　生き方［ライフ/携帯小説/声優の紹介］(対談)

その1

○ 次の問題を考えながら聞きましょう。
   1. この番組の名前は何ですか。
   2. 今回は何を紹介しますか。

メモ

1の選択肢
   a. こうとくじカルチャーフロント
   b. ごうとくじカルチャーフロント
   c. ごうとくじカールチャフロント
   d. ごうとくじカールチャフロート

2の選択肢
   a. 小説　　　　　　　　　　　　b. カルチャー
   c. 味噌　　　　　　　　　　　　d. ピアニスト

○ では、更に次の問題を意識しながらもう一度聞きましょう。
   内容と合っているものに○を、違っているものに×をつけてください。

メモ

選択肢
a. (　　)男の人の本業は小説家です。
b. (　　)小説を書くことは男の人の手前味噌です。
c. (　　)男の人はジャズピアニストではありません。
d. (　　)男の人のジャズピアニストとしてのキャリアは小説家としてのキャリアより長いです。
e. (　　)男の人は小説家として露出度が高いです。

○　もう一度聞いて、確認しましょう。

その2

○　次の問題を考えながら聞きましょう。
　　1. 去年から携帯電話で配信されている小説の名前は何ですか。
　　2. 携帯小説を載せている公式サイトの名前は何ですか。

メモ

1の選択肢
　　a. BODY　　　　　　　b. ボーダフォン　　　　c. しんとうきおく
2の選択肢
　　a. エンターテイメント　　b. どこでも読書　　　　c. イージーウェブ

○　では、更に次の問題を意識しながらもう一度聞きましょう。
　　1. この小説を配信する携帯会社を2つ選んでください。
　　2. 次の連載小説の名前は何ですか。

メモ

1の選択肢
　　a. au　　　　　　　　　b. docomo　　　　　　c. ボーダフォン
2の選択肢
　　a.『しんとうきおく』　　b.『BODY』　　　　　　c.『うつくしいじょせい』

○　もう一度聞いて、次の問題に答えましょう。
　　1.「どこでも読書」を探すには、公式サイトのどこから入ればいいですか。
　　2. 携帯電話に配信されている小説を探す手順を配列してください。

第17課　生き方［ライフ/携帯小説/声優の紹介］（対談）

メモ

1の選択肢
  a. メニュー　　　　　b. エンターテイメント　　　　c. 新連載
2の選択肢
  a.「どこでも読書」という公式サイト
  b. ドコモ
  c. イージーウェブ
  d. ジャンル（小説/雑誌）
  e. エンターテイメント

○　もう一度聞いて、確認しましょう。

その3

○　次の問題を考えながら聞きましょう。
  1. 若い人は携帯小説という形にどういうふうに反応していますか。
  2. 『BODY』はどのように販売されていますか。

メモ

1の選択肢
  a. 受け入れました。
  b. 受け入れませんでした。
  c. ぶつ切りしました。
2の選択肢
  a. 本屋さんで売っています。
  b. 通信販売で売っています。
  c. ネットからダウンロードで販売されています。

○　では、更に次の問題を意識しながらもう一度聞きましょう。
　　1. 女の人は、読者の脳の構造について、どう言っていますか。
　　2. 内容と合っているものに○を、違っているものに×をつけてください。

メモ

1の選択肢
　a. 文学的になっています。
　b. デジタル的になっています。
　c. かしこくなっています。

2の選択肢
　a. (　　)1回の連載はけっこう長いです。
　b. (　　)小説がぶつ切りの文体で書かれています。
　c. (　　)読者は女の子が多いです。
　d. (　　)この書き方は日本文学では昔からあります。

○　もう一度聞いて、確認しましょう。

その4

○　次の問題を考えながら聞きましょう。
　　1. 『しんとうきおく』の漢字はどれですか。
　　2. 「みずきゆう」という名前の漢字はどれですか。

メモ

1の選択肢
　a. 新党記憶　　　b. 浸透記憶　　　c. 神道記憶　　　d. 心頭記憶

2の選択肢
　a. 水牛　　　　　b. 水白牡　　　　c. 水城牛　　　　d. 水城雄

第17課　生き方［ライフ/携帯小説/声優の紹介］(対談)

○　では、更に次の問題を意識しながらもう一度聞きましょう。
　　1.『しんとうきおく』は週に何回配信されていますか。
　　2. 1回あたり、だいたい何字ぐらい配信されていますか。

メモ

1の選択肢
　a. 週に1回　　　　b. 週に2回　　　　c. 毎日

2の選択肢
　a. 1000字　　　　b. 3000字　　　　c. 1100字

○　もう一度聞いて、次の問題に答えましょう。
　　『しんとうきおく』という本を探す手順はどれですか。

メモ

選択肢
　a. どこでも読書 ⇒ 本を探す ⇒ 著者名・タイトル
　b. 本を探す ⇒ どこでも読書 ⇒ 著者名・タイトル
　c. 著者名・タイトル ⇒ どこでも読書 ⇒ 本を探す

○　もう一度聞いて、確認しましょう。

課外でチャレンジしましょう

声優の紹介

ウォーミングアップ

スタイル：対談

提示単語：

リスナー　　テレ東(とう)　　レーサー　　地上(ちじょう)　　衛星(えいせい)　　キャスティング

ボイスサンプル　　リーディングユニット　　フリートーク　　サウンドドラマ

バラエティー　　ストーリーズ　　録画(ろくが)　　セブンスフロアー　　ライブハウス

オンエアーイースト　　オンエアーウェスト　　付随(ふずい)　　コンスタント

立ち見(たちみ)　　ダイレクトリンク　　前衛的(ぜんえいてき)

○ 次の問題を考えながら聞きましょう。

1. 女の人は最近どんな仕事をしていますか。
2. 女の人はアニメでどんな役をしていますか。
3. 女の人が声優になりたくなったきっかけは何ですか。
4. 実際、声優になってから、どんな役が多かったですか。
5. 女の人は女優さんと2人で何を作りましたか。
6. 朗読ユニットのイベントでは、どんなことをしますか。
7. 3回目のリーディングのイベントは何という名前でしょうか。
8. 3回目のリーディングのイベントはいつ、どこで行いますか。
9. 女の人が一番アピールしたいことは何でしょうか。

第18課 僕の愛した人(ラジオドラマ)

僕の愛した人

ウォーミングアップ

スタイル：ラジオドラマ

登場人物：照井先生、西村先生、岩田さん、金松校長など

提示単語：

所存（しょぞん）　ナウ　ヤング　偏差値（へんさち）　おちこぼれ　教壇（きょうだん）　セクハラ

ふんぞりかえる　インパクト　閉鎖（へいさ）　ドッチボール　明朗（めいろう）　寮母（りょうぼ）

プライベート　林間学校（りんかんがっこう）　モットー　ダブルピース　ジャージー

もじゃもじゃ　しゃがむ　熱血（ねっけつ）　肩入れ（かたいれ）　フライング　プロフィール

温床（おんしょう）　なぶり殺し（ごろし）　アタック　魔球（まきゅう）　目ばたき（め）　やせがまん

だいごみ　フォーメーション　ハイジャンプ　分身大回転魔球（ぶんしんだいかいてんまきゅう）

その1

○ 次の問題を考えながら聞きましょう。

1. この2人はどこで話していますか。
2. 女の人と話す前に、男の人は何をしていましたか。

メモ

1の選択肢
 a. 男の家　　　　　b. 電車　　　　　c. 団栗学園中　　　d. フェリー

2の選択肢
 a. 選挙演説の練習をしていました。
 b. スピーチの練習をしていました。
 c. 次の日の台詞を朗読していました。
 d. 歌ったり踊ったりしていました。

○ では、更に次の問題を意識しながらもう一度聞きましょう。
 1. 男の人について、正しくないのはどれですか。
 2. 女の人について、正しいのはどれですか。
 3. 団栗学園中について、正しくないのはどれですか。

メモ

1の選択肢
 a. 名前は照井幸一です。
 b. 若い英語の先生です。
 c. とても団栗学園中で教えたがっています。
 d. とてもよい学校で教えたことがあります。

2の選択肢
 a. とてもうるさい人です。　　　　b. 海に向かって座っていました。
 c. わくわくして眠れないです。　　d. 美しいですが、冷たい人です。

3の選択肢
 a. 男の人と女の人がこれから行くところです。
 b. 進学率重視のエリート校です。
 c. 落ちこぼれの生徒も積極的に受け入れる学校です。
 d. 1人1人の生徒の個性を伸ばす教育を実施している学校です。

○ もう一度聞いて、次の問題に答えましょう。
 1. 女の人は男の人に何をしてもらいたいと思っていましたか。

2. 男の人の言った「腐ったみかん」とは何を指していますか。

メモ

1の選択肢
 a. 次の日にスピーチをしてもらいたいと思っていました。
 b. 休んでもらいたいと思っていました。
 c. 付き合ってもらいたいと思っていました。
 d. 静かにしてもらいたいと思っていました。

2の選択肢
 a. 腐ったくだもの
 b. あまりおいしくないもの
 c. 勉強ができない生徒
 d. あまりにも下手な先生

その2

○ 次の問題を考えながら聞きましょう。
 1. 照井先生はどうしてちんたら歩いていたのか、2つ選んでください。
 2. 迎えてくれた人について正しくないのはどれですか。

メモ

1の選択肢
 a. 寝不足だから
 b. 船酔いだから
 c. 風邪だから
 d. 熱があるから

2の選択肢
 a. 2人が着く前にもう待っていました。
 b. 照井先生と西村先生に会ったことがありません。
 c. よく冗談をいう人です。
 d. 若い男の先生です。

○ では、更に次の問題を意識しながらもう一度聞きましょう。
1. どん中とは何ですか。
2. 岩田さんはどうしてどん中に来たのですか。

メモ

1の選択肢
a. 地名です。 b. 校長先生の名前です。
c. 岩田さんのあだなです。 d. その中学校の略称です。

2の選択肢
a. 定年後何もすることがないから
b. 一人でさびしいから
c. 教育者としてまた認めてもらいたいと思っているから
d. 自分のことを学生に覚えてもらいたいと思っているから

○ もう一度聞いて、次の問題に答えましょう。
1. 内容と合っているものに○を、違っているものに×をつけてください。
2. 岩田さんはどうして生徒に「おじさんだれ?」と言われたのですか。

メモ

1の選択肢
a. (   ) 岩田さんはもう随分前にこの島に来ていました。
b. (   ) 西村先生と照井先生は結婚したばかりの夫婦です。
c. (   ) 岩田さんは東京の中学校で校長をやっていました。
d. (   ) 西村先生と照井先生は東京からこの島まで来るのに16時間かかりました。
e. (   ) 岩田さんの趣味は盆栽です。
f. (   ) 岩田さんはとてもインパクトのある顔をしています。

2の選択肢
a. 生徒にとても難しい質問をしたから

b. 生徒と出会ったこともなかったから
　　c. 岩田さんもその生徒も冗談を言うのが好きだから
　　d. 生徒は岩田さんの顔を覚えていなかったから

その3

○　次の問題を考えながら聞きましょう。
　　1. どん中に着いて、その2人の気持ちはどうでしたか。
　　2. 校舎について正しくないのはどれですか。

メモ

1の選択肢
　　a. 照井先生は嬉しかったですが、西村先生はあまり嬉しくなかったです。
　　b. 照井先生はあまり嬉しくなかったですが、西村先生は嬉しかったです。
　　c. 照井先生も西村先生も嬉しかったです。
　　d. 照井先生も西村先生も嬉しくなかったです。

2の選択肢
　　a. どんぐりの形をしています。
　　b. 照井先生は来る前にその校舎の写真を見たことがあります。
　　c. その学校の教育理念を反映しています。
　　d. 3人とも校舎の形が気に入りました。

○　では、更に次の問題を意識しながらもう一度聞きましょう。
　　1. 西村先生はどうしてどん中に来たのですか。
　　2. 「どんぐりの背比べ」について、正しいのはどれですか。

メモ

1の選択肢
a. 大都市の生活がもういやだから
b. 教師の仕事が好きだから
c. もともと働いていた研究所が潰れてしまったから
d. 所長が紹介してくれたから

2の選択肢
a. この島でいい意味に使われていることわざです。
b. この学校でよく使われていることわざです。
c. この中学校の教育理念です。
d. 普通、あまりいい意味に使われません。

○ もう一度聞いて、次の問題に答えましょう。
　　内容と合っているものに○を、違っているものに×をつけてください。

メモ

選択肢
a. (　　)西村先生は工学部の学生でした。
b. (　　)照井先生、西村先生、岩田さんの3人はみんな教育関係の仕事をしていました。
c. (　　)照井先生はよく西村先生と夫婦喧嘩をします。
d. (　　)岩田さんは西村先生と仲が良いから、よく冗談を言います。

その4

○ 次の問題を考えながら聞きましょう。
　1. どん中のモットーを2つ選んでください。
　2. もじゃもじゃ頭の生徒はどんな役職についていますか。

メモ

1の選択肢
 a. 自由
 b. 協力
 c. 友好
 d. 平等

2の選択肢
 a. 総書記
 b. 団長
 c. 会長
 d. 副会長

○ では、更に次の問題を意識しながらもう一度聞きましょう。
 1. 今、学校はどの時期ですか。
 2. 4月から生徒会長になる生徒は誰ですか。

メモ

1の選択肢
 a. 新学期が始まったばかりです。
 b. 春休み中です。
 c. 今学期がすぐ終わるところです。
 d. 夏休み中です。

2の選択肢
 a. 3年C組の石崎りょうです。
 b. 3年B組の高野加奈です。
 c. 団長の役職についている生徒です。
 d. 色白の女の子です。

○ もう一度聞いて、次の問題に答えましょう。
 1. 内容と合っているものに○を、違っているものに×をつけてください。
 2. どん中の生徒たちについて、正しくないのはどれですか。

メモ

1の選択肢

　a. (　　　)照井先生は子供たちと一緒にドッチボールをしました。

　b. (　　　)照井先生も西村先生も子供にあいさつをしてきました。

　c. (　　　)子供たちは照井先生と会う前にもう照井先生のことを知っていました。

2の選択肢

　a. とても純粋です。

　b. 都市の子供たちと明らかに違います。

　c. みんな学校の隣にある学生寮で暮らしています。

　d. すべて寮母さんに面倒を見てもらいます。

その5

○　次の問題を考えながら聞きましょう。

　　1. 桜美咲さんについて、正しくないのはどれですか。

　　2. どうしてどん中は毎年さまざまなタイプの先生を招いているのですか。

メモ

1の選択肢

　a. よわよわしい

　b. 小柄

　c. 童顔

　d. どん中の3年生

2の選択肢

　a. もともと先生が足りないから

　b. 田舎なので、すぐやめていく先生が多いから

　c. 生徒たち1人1人の個性に応えていくから

　d. 理想の先生がなかなか見つからないから

○　では、更に次の問題を意識しながらもう一度聞きましょう。

　　1. 照井先生は桜美咲さんに対してどんな態度を取っていますか。

2. 西村先生は桜美咲さんに対してどんな態度を取っていますか。

メモ

1の選択肢
  a. 弱者なので、手伝ってあげたいと思っています。
  b. 間違っても、いじめを見過ごしてはいけないと思っています。
  c. 勝手に手を出してはいけないと、客観的に分析しています。
  d. 生徒に好きなようにさせればいいと思っています。

2の選択肢
  a. 弱者なので、手伝ってあげたいと思っています。
  b. 間違っても、いじめを見過ごしてはいけないと思っています。
  c. 勝手に手を出してはいけないと、客観的に分析しています。
  d. 生徒に好きなようにさせればいいと思っています。

○ もう一度聞いて、次の問題に答えましょう。
　　内容と合っているものに○を、違っているものに×をつけてください。

メモ

選択肢
a. (　　) 西村先生はあまり桜美咲さんのことに関心を持っていません。
b. (　　) 校長は桜美咲さんのことをみんなに説明してくれました。
c. (　　) 校長は、西村先生はとても冷静沈着だと思っています。

その6

○ 次の問題を考えながら聞きましょう。
　　1. どん中のドッチボールは通常とどう違うか、2つ選んでください。
　　2. ぶつけられたのは誰ですか。

メモ

1の選択肢
  a. 内野と外野という区切りがありません。
  b. 決められた順番でボールを回します。
  c. あまり力を入れずにボールを投げます。
  d. 男の子だけでします。

2の選択肢
  a. 女の子1人
  b. 丈夫な男の子1人
  c. 先生1人
  d. いつも桜美咲さん

○ では、更に次の問題を意識しながらもう一度聞きましょう。
  1. 西村先生はどうして変だと言ったのですか。
  2. ドッチボールのだいごみは何ですか。

メモ

1の選択肢
  a. 生徒たちがみんな力を入れて投げるから
  b. 照井先生があまりにも桜美咲さんのことに関心を持っているから
  c. 校長も岩田さんも桜美咲さんのことを紹介してくれないから
  d. 桜美咲さんは避けようともしないし、痛がる素振りも見せなかったから

2の選択肢
  a. 思いっきり投げて的に当てることです。
  b. ぶつけられた人の痛がる顔を見て楽しむことです。
  c. バレーボールと同じように得点することです。
  d. みんなで頑張って汗をかくことです。

第 18 課　僕の愛した人（ラジオドラマ）

○　もう一度聞いて、次の問題に答えましょう。
　　1. 内容と合っているものに○を、違っているものに×をつけてください。
　　2. 桜美咲さんはどんな存在ですか。

メモ

1 の選択肢
　　a. (　　　)照井先生も桜美咲さんにボールを投げました。
　　b. (　　　)普通のドッチボールはいじめや差別の温床です。
　　c. (　　　)ドッチボールが好きな人は無能な人間ばかりです。
　　d. (　　　)桜美咲さんはこのゲームで首が外れました。

2 の選択肢
　　a. とてもかわいそうな女の子です。
　　b. 弱そうですが、実に強い女の子です。
　　c. いつもいじめられる女の子です。
　　d. 人間として扱われているおもちゃです。

課外でチャレンジしましょう

高天原高校新聞部

ウォーミングアップ

スタイル：ラジオドラマ

登場人物：山田太郎、渋谷エリカ、藤沢泉

提示単語：

没収(ぼっしゅう)　高天原高校(たかまがはらこうこう)　勝敗(しょうはい)　廃部(はいぶ)　メールマガジン　渋谷エリカ(しぶや)

藤沢泉(ふじさわいずみ)　邪推(じゃすい)

○ 次の問題を考えながら聞きましょう。

1. 新聞部全員は何について考えていますか。
2. 新聞部の部員は何人いますか。学年と名前は何ですか。
3. 新聞部がIT部との関係はどうですか。
4. 西川さんは何をしている人ですか。
5. 新聞部は最後にテーマを何にしましたか。

第 19 課　　商品広告(ラジオ広告)

内容 1

ウォーミングアップ

スタイル：ラジオ広告

提示単語：

一番搾り（いちばんしぼり）　麦汁（ばくじゅう）　ホップ　まろやか　飲み口（のみくち）

○ 次の問題を考えながら聞きましょう。

1. これは何のコマーシャルですか。
2. 商品名は何ですか。
3. メーカーはどれですか。

メモ

1 の選択肢

a. ジュース　　　　　　　　　　b. ワイン
c. 麦汁　　　　　　　　　　　　d. ビール

2 の選択肢

a. 一番麦汁　　　　　　　　　　b. 一番搾り
c. 二番麦汁　　　　　　　　　　d. 二番搾り

3の選択肢
  a. サントリー
  b. アサヒ
  c. キリン
  d. サッポロ

○ では、更に次の問題を意識しながらもう一度聞きましょう。
  1. 一番搾りのこだわりポイントは何ですか。
  2. 一番搾りはどんな味がしますか。

メモ

1の答え：_____
2の答え：_____

○ もう一度聞いて、次の問題に答えましょう。
  適当な言葉を(　　)に書き入れてください。

メモ

答え
　うまいが生きてる(　　　　　)。一番搾りは(　　　　　)を一切使わないビール。麦や(　　　　　)など素材が持っている自然なおいしさをそのまま(　　　　　)引き出しました。ああ、だから、一番麦汁ならではのまろやかな(　　　　　)とすっきりした味わい。

第19課　商品広告（ラジオ広告）

内容2

ウォーミングアップ

スタイル：ラジオ広告
提示単語：
しわ　　にきび　　しみ　　肌荒れ（はだあれ）　　内臓（ないぞう）　　漢方（かんぽう）　　肩こり（かたこり）　　腰痛（ようつう）　　鍼（はり）

○ 次の問題を考えながら聞きましょう。
1. これは何のコマーシャルですか。
2. この療法のポイントは何ですか。
3. この療法はどこの国から伝えられたものですか。

メモ

1の選択肢
a. 化粧品　　　　　　　　　b. 漢方薬
c. 漢方療法　　　　　　　　d. 医療器具

2の選択肢
a. 薬　　　　　　　　　　　b. 鍼
c. 注射　　　　　　　　　　d. 手術

3の選択肢
a. 韓国　　　　　　　　　　b. アメリカ
c. 日本　　　　　　　　　　d. 中国

○ では、更に次の問題を意識しながらもう一度聞きましょう。
1. このクリニックの電話番号はどれですか。
2. この療法は肌のトラブルのほか、どんな症状に効きますか。3つ選んでください。

メモ

1 の選択肢
- a. 310 - 328 - 8858
- b. 301 - 382 - 8858
- c. 310 - 382 - 8585
- d. 301 - 328 - 8585

2 の選択肢
- a. 骨折
- b. 肩こり
- c. 風邪
- d. 腰痛
- e. 急性胃腸病
- f. 慢性の病気

○ もう一度聞いて、次の問題に答えましょう。
1. 今テレビで話題になっているのは何ですか。
2. 鍼と漢方治療にはどんな効果があるのか、3つまとめてみてください。

メモ

1 の選択肢
- a. 漢方薬によるしわ取り
- b. 鍼によるしわ取り
- c. 漢方薬によるストレス解消
- d. 鍼によるストレス解消

2 の答え
- a. _____
- b. _____
- c. _____

内容 3

ウォーミングアップ

スタイル：ラジオ広告

提示単語：
得意先　プロジェクト　裏付ける　日経　投資委託　オリジナル　ホームページ

○ 次の問題を考えながら聞きましょう。
1. これは何の広告ですか。

第19課　商品広告（ラジオ広告）

2. イーバンク銀行の投資委託について詳しく知るには、どうすればいいですか。

メモ

1の選択肢
a. ニュースと銀行
b. 日経新聞とeバンク銀行の投資委託
c. プロジェクトと手数料
d. 新開発技術とeバンク銀行

2の選択肢
a. 電話で問い合わせます。
b. イーバンク銀行に申し込みます。
c. ホームページを見ます。
d. 日経新聞を読みます。

○　では、更に次の問題を意識しながらもう一度聞きましょう。
1. イーバンク銀行の投資委託には、どんな特徴があるか、(　　)に書き入れてください。
2. 内容と合っているものに○を、違っているものに×をつけてください。

メモ

1の答え
① イーバンク銀行にしかない(　　　　　)を用意しています。
② 申し込み手数料を(　　　　　)に設定しています。

2の選択肢
a. (　　) イーバンク銀行のオリジナル商品は他の銀行でも買えます。
b. (　　) 日経新聞を読むと、色々な情報が得られます。
c. (　　) 男の社員は今度のプロジェクトの成功を裏付ける情報を見つけました。
d. (　　) 課長も日経新聞を読んでいます。

○　もう一度聞いて、確認しましょう。

内容 4

ウォーミングアップ

スタイル：ラジオ広告

提示単語：

ヘッドラインニュース　調製豆乳(ちょうせいとうにゅう)　仕上(しあ)げる　無菌包装(むきんほうそう)
セーフティシール　大豆(だいず)　舗装(ほそう)　隙間(すきま)　アスファルト　水(みず)はね
ハイドロプレーニング現象(げんしょう)

○ 次の問題を考えながら聞きましょう。

1. このヘッドラインニュースのスポンサーはどことどこですか。
2. これは何についての広告ですか。

メモ

1 の選択肢
 a. 森乳豆腐　　　b. 明治乳業　　　c. 東洋豆腐
 d. 東洋タイヤ　　e. 東京タイヤ

2 の選択肢
 a. 豆乳とダイヤ　　b. 豆腐とタイヤ
 c. 豆乳とタイヤ　　d. 牛乳とダイヤ

○ では、更に次の問題を意識しながらもう一度聞きましょう。

1. 森永豆乳の良い点は何か、次の（　　　　）に書き入れてください。
2. 排水性舗装について、次の（　　　　）に書き入れてください。

メモ

第19課　商品広告（ラジオ広告）

1の答え
　　（　　　　　）飲みやすさ。無菌包装と（　　　　　）でダブルに安心。
2の答え
　　排水性舗装は隙間の多い（　　　　　）でできており、（　　　　　）を浸透させます。

○　もう一度聞いて、次の問題に答えましょう。
　1. 内容と合っているものに○を、違っているものに×をつけてください。
　2. 排水性舗装には2つの効果があります。書いてください。

メモ

1の選択肢
　a. （　　）「森乳」は調整豆乳しか生産していません。
　b. （　　）森永豆乳は日本だけで発売されています。
　c. （　　）森永豆乳の原料は大豆です。
　d. （　　）排水性舗装は舗装自体に隙間が少ないため、車の走行時の騒音を低減させます。
　e. （　　）タイヤと密接な関係にある排水性舗装は最近注目を集めています。
2の答え
　① _____
　② _____

内容5

ウォーミングアップ

スタイル：ラジオ広告
提示単語：
歯並び　黒ずむ　ルミニアーズ　瞬く間　コンタクトレンズ
違和感　耐久素材　注射麻酔

○ 次の問題を考えながら聞きましょう。
　1. これは何のコマーシャルですか。
　2. この新療法は何と言いますか。

メモ

1の選択肢
　a. コンタクトレンズ　　　　　　b. 歯の美容
　c. ホンダプラザ　　　　　　　　d. 歯の治療
2の選択肢
　a. ルミニーアズ　　　　　　　　b. ルミニアーズ
　c. ルミニアズ　　　　　　　　　d. ルミニーアーズ

○ では、更に次の問題を意識しながらもう一度聞きましょう。
　1. どのように歯を白くしますか。
　2. ホンダプラザの電話番号は何番ですか。

メモ

1の選択肢
　a. 歯をクリーニングします。
　b. ある耐久素材を歯の表面に貼り付けます。
　c. 白い色のものを塗ります。
　d. 入れ歯をします。
2の選択肢
　a. 321 - 678 - 3895　　　　　　b. 687 - 213 - 3895
　c. 213 - 687 - 3859　　　　　　d. 213 - 687 - 3895

○ もう一度聞いて、次の問題に答えましょう。
　内容と合っているものに○を、違っているものに×をつけてください。

第 19 課　商品広告（ラジオ広告）

メモ

選択肢

a. (　　) このクリニックでは、すべて日本語によるサービスを提供しています。
b. (　　) この素材は薄くて違和感もありませんが、長く持ちません。
c. (　　) 治療するときは麻酔が必要です。
d. (　　) 新療法ルミニアーズは、歯を瞬く間に白くできます。
e. (　　) 問い合わせの電話番号は 188‐486‐4337 です。

内容6

ウォーミングアップ

スタイル：ラジオ広告
提示単語：

エクシリム　　スタイリッシュ　　液晶(えきしょう)モニター　　搭載(とうさい)　　画素(がそ)
バリエーション　　ラテンオレンジ　　スパークルシルバー　　シンプル
ミストラルブルー　　ルミナスゴールド

○　次の問題を考えながら聞きましょう。

1. この2人は何の商品を紹介していますか。
2. この商品のメーカーはどれですか。
3. この新しいエクシリムには、どんな特長がありますか。

メモ

1の選択肢
 a. ビデオカメラ　　　　　　　　b. 液晶モニター
 c. デジタルカメラ　　　　　　　d. 電池

2 の選択肢
 a. カシオ　　　　　　　　　　b. ソニー
 c. シャープ　　　　　　　　　d. キャノン

3 の選択肢
 a. 薄型ボディーに 2 倍ズーム、そして 2.5 型液晶モニターを搭載しています。
 b. 薄型ボディーに 3 倍ズーム、そして 2.2 型液晶モニターを搭載しています。
 c. この薄さで 500 万画素の高画質が味わえます。
 d. 撮影枚数が多く、1 回の充電で 200 枚もの撮影ができます。

○ では、更に次の問題を意識しながらもう一度聞きましょう。
 1. 普通の液晶モニターの欠点は何ですか。
 2. S600 シリーズのカメラは何色のバリエーションがありますか。
 3. S500 シリーズのカメラと比べると、1 回の充電での撮影枚数は何枚伸びましたか。
 4. 男の人は何色がちょっと高級感があると言っていますか。
 5. 女の人のお気に入りのカメラは何色ですか。

メモ

1 の選択肢
 a. 明るい所では見やすいですが、暗い所では見にくくなります。
 b. 屋外などで明るい光に当たったりすると、見にくくなります。
 c. 明るい所でも、暗い所でも、見やすいです。
 d. 明るい所でも、暗い所でも、見にくいです。

2 の選択肢
 a. 2 色　　　　b. 3 色　　　　c. 4 色　　　　d. 5 色

3 の選択肢
 a. 100 枚　　　b. 200 枚　　　c. 300 枚　　　d. 500 枚

4 の選択肢
 a. ラテンオレンジ　　　　　　b. スパークルシルバー
 c. ミストラルブルー　　　　　d. ルミナスゴールド

5の選択肢
　a. ラテンオレンジ　　　　　　　b. スパークルシルバー
　c. ミストラルブルー　　　　　　d. ルミナスゴールド

○ もう一度聞いて、次の問題に答えましょう。
　1. 内容と合っているものに○を、違っているものに×をつけてください。
　2. このS600の特長をいくつかまとめてみましょう。

メモ

1の選択肢
　a. (　　) 昔のカメラというと、電池がすぐなくなるというイメージがありました。
　b. (　　) S500の電池の撮影枚数はS600より多いです。
　c. (　　) スパークルシルバーには高級感があるから、男の人はとても気に入っています。
　d. (　　) S600の唯一の欠点は、屋外などの明るい所では見にくくなることです。

2の答え：＿＿＿＿＿＿＿＿＿＿＿＿＿＿＿＿＿＿＿＿＿＿＿＿＿＿＿＿＿＿＿＿＿
＿＿＿＿＿＿＿＿＿＿＿＿＿＿＿＿＿＿＿＿＿＿＿＿＿＿＿＿＿＿＿＿＿＿＿＿＿＿
＿＿＿＿＿＿＿＿＿＿＿＿＿＿＿＿＿＿＿＿＿＿＿＿＿＿＿＿＿＿＿＿＿＿＿＿＿＿

内容7

ウォーミングアップ

スタイル：ラジオ広告
提示単語：
ワールドエクスプレス　　熟練(じゅくれん)　　車種(しゃしゅ)　　南(みなみ)カリフォルニア　　サンノゼ
サンフランシスコ　　エリア　　カバー

○ 次の問題を考えながら聞きましょう。
　1. これは何の広告ですか。

2. 問い合わせの電話番号は何番ですか。

メモ

1の選択肢
a. レンタカー   b. リムジンサービス
c. 車種   d. 運転手

2の選択肢
a. 1800 - 794 - 0994   b. 180 - 7940 - 994
c. 1800 - 749 - 0994   d. 180 - 9940 - 749

○ では、更に次の問題を意識しながらもう一度聞きましょう。
1. このサービスはどの地域をカバーしていますか。3つ書いてください。
2. この会社の営業時間はどれですか。

メモ

1の答え
a. _____   b. _____   c. _____

2の選択肢
a. 平日でも休日でも24時間
b. 休日を除いて24時間
c. 平日の24時間
d. 休日のみ24時間

○ もう一度聞いて、次の問題に答えましょう。
この会社はどんなサービスを提供していますか。

メモ

答え：＿＿＿＿＿＿＿＿＿＿＿＿＿＿＿＿＿＿＿＿＿＿＿＿＿＿＿＿＿＿＿＿

内容8

ウォーミングアップ

スタイル：ラジオ広告

提示単語：
俊也（しゅんや）　隆志（たかし）　デーリーフーズ　日本ハム（にっぽん）　米国（べいこく）　法人（ほうじん）

○ 次の問題を考えながら聞きましょう。

1. これは何の広告ですか。
2. 隆志の息子は何歳ですか。

メモ

1の選択肢
a. 夕食　　　　b. 家族旅行　　　c. ギョーザ　　　d. 小学校

2の選択肢
a. 5歳　　　　b. 6歳　　　　　c. 8歳　　　　　d. 9歳

○ では、更に次の問題を意識しながらもう一度聞きましょう。

1. この商品のメーカーはどれですか。
2. 今度の夏休みには、隆志一家はどこへ行く予定ですか。

メモ

1の選択肢
a. 明治製菓　　　　　　　　b. 日本ギョーザ
c. 日本ハム　　　　　　　　d. 明宝ハム

2 の選択肢
- a. 米国へ行く
- b. 実家へ帰る
- c. ギョーザを食べに行く
- d. どこへも行かない

○ もう一度聞いて、確認しましょう。

内容 9

ウォーミングアップ

スタイル：ラジオ広告

提示単語：
引越(ひっこ)しセンター　　テクニック　　検疫検査(けんえきけんさ)　　手続(てつづ)き

○ 次の問題を考えながら聞きましょう。
1. 男の人は何の会社を紹介していますか。
2. 日本にペットを連れて帰る場合、いつから準備をすればいいですか。

メモ

1 の選択肢
- a. 文化センター
- b. ショッピングセンター
- c. 航空会社
- d. 引越しセンター

2 の選択肢
- a. 帰国予定の約 1 ヶ月前
- b. 帰国予定の約 3 ヶ月前
- c. 帰国予定の約 7 ヶ月前
- d. 帰国予定の約 1 年前

○ では、更に次の問題を意識しながらもう一度聞きましょう。
1. 引越しセンターの担当は誰ですか。
2. この引越しセンターの電話番号は何番ですか。

メモ

1の選択肢
- a. 田中
- b. 三橋
- c. 加藤
- d. 渡辺

2の選択肢
- a. 130 - 515 - 2222
- b. 310 - 515 - 2222
- c. 310 - 515 - 1212
- d. 130 - 515 - 1212

○ もう一度聞いて、確認しましょう。

内容 10

ウォーミングアップ

タイトル：ラジオ広告

提示単語：

梅干し（うめぼ）　大粒（おおつぶ）　紀州南高梅（きしゅうなんこううめ）　完熟（かんじゅく）つぶれ梅（うめ）

○ 次の問題を考えながら聞きましょう。
1. この2人は何について話していますか。
2. 紀州南高梅はどんな食感ですか。
3. 日本直販の電話番号はどれですか。

メモ

1の選択肢
- a. 紀州南高梅
- b. 梅しそとんかつ
- c. 豚の角煮
- d. お弁当

2 の選択肢

a. 果肉が薄くて硬い　　　　　　b. 果肉が厚くてやわらかい

c. 果肉が薄くてやわらかい　　　d. 果肉が厚くて硬い

3 の選択肢

a. 0120－666－222　　　　　　b. 0120－666－666

c. 0160－666－222　　　　　　d. 0160－666－666

○ では、更に次の問題を意識しながらもう一度聞きましょう。

1. 今回の紀州南高梅はいくらですか。
2. 今回の梅干しはなぜ安く販売されているのか、その理由を書いてください。

メモ

1 の選択肢

a. 1キロ 5000 円　　　　　　b. 3キロ 5400 円

c. 1キロ 5400 円　　　　　　d. 3キロ 5000 円

2 の答え：＿＿＿＿＿＿＿＿＿＿＿＿＿＿＿＿＿＿＿＿＿＿＿＿＿＿＿＿＿＿

○ もう一度聞いて、次の問題に答えましょう。

1. 紀州南高梅はどんな梅を使用していますか。
2. 梅干しはどんな料理に使えますか。

メモ

1 の答え：＿＿＿＿＿＿＿＿＿＿＿＿＿＿＿＿＿＿＿＿＿＿＿＿＿＿＿＿＿＿

2 の答え：＿＿＿＿＿＿＿＿＿＿＿＿＿＿＿＿＿＿＿＿＿＿＿＿＿＿＿＿＿＿

内容 11

ウォーミングアップ

タイトル：ラジオ広告
提示単語：
パナソニックフェア　　4K対応テレビ　　エコナビ搭載

○ 次の問題を考えながら聞きましょう。
1. パナソニックの店でどんなイベントが開催されますか。
2. 今回のイベントはいつ行われますか。

メモ

1 の選択肢
a. 年末セール　　　　　　　　　b. シンポジウム
c. パナソニックフェア　　　　　d. 新商品のプレゼン

2 の選択肢
a. 今週の金土日　　　　　　　　b. 来週の金土日
c. 今週の土日　　　　　　　　　d. 来週の土日

○ では、更に次の問題を意識しながらもう一度聞きましょう。
1. 抽選でどんなプレゼントがもらえますか。
2. 今話題になっている家電は何ですか。

メモ

1 の選択肢
a. 4K対応テレビ　　　　　　　　b. 温泉旅館宿泊券

c. エコナビ　　　　　　　　d. ビエラ 4K

2 の選択肢
　　a. カメラ　　　　　　　　　b. パソコン
　　c. エコナビ　　　　　　　　d. 4K 対応テレビ

○　もう一度聞いて、確認しましょう。

内容 12

ウォーミングアップ

タイトル：ラジオ広告
提示単語：
エアコン　　デュアルブラスター　　心地(ここち)いい

○　次の問題を考えながら聞きましょう。
　　1. これは何の広告ですか。
　　2. この商品のメーカーはどれですか。

メモ

1 の選択肢
　　a. テレビ　　　　　　　　　b. エアコン
　　c. 暖房　　　　　　　　　　d. 扇風機

2 の選択肢
　　a. パナソニック　　　　　　b. ソニー
　　c. 富士通ゼネラル　　　　　d. 東芝

○　では、更に次の問題を意識しながらもう一度聞きましょう。
　　この商品の特長は何ですか。まとめてみましょう。

答え：＿＿＿＿＿＿＿＿＿＿＿＿＿＿＿＿＿＿＿＿＿＿＿＿＿＿＿＿＿

○ もう一度聞いて、確認しましょう。

課外でチャレンジしましょう

内容1

ウォーミングアップ

タイトル：ラジオ広告

提示単語：
貯金（ちょきん）　通帳（つうちょう）　イクメンパパ

○ 次の問題を考えながら聞きましょう。
1. これは何の広告ですか。
2. このCMの主人公「ワタシ」はどこに所属していますか。
3. 「ワタシ」はどんな通帳ですか。
4. 「ワタシ」の持ち主は誰ですか。
5. イクメンパパがこの貯金通帳を作ったきっかけは何ですか。

内容2

ウォーミングアップ

タイトル：ラジオ広告

提示単語：
ベアリング　精度（せいど）　耐久性（たいきゅうせい）　快適（かいてき）

○ 次の問題を考えながら聞きましょう。
1. これは何の広告ですか。メーカー名は何ですか。

2. 1台の自動車には、この商品が何個使われていますか。

3. この商品の特長は何ですか。

内容3

ウォーミングアップ

タイトル：ラジオ広告

提示単語：

1人暮（ひとりぐ）らし　　就職（しゅうしょく）　　転勤（てんきん）　　マイホーム　　引越（ひっこ）し侍（ざむらい）

○ 次の問題を考えながら聞きましょう。

1. これは何の広告ですか。

2. このCMで伝えたいことは何ですか。

3. ここにある「人生のイベント」とは例えばどんなことですか。

内容4

ウォーミングアップ

タイトル：ラジオ広告

提示単語：

ダイエット　　コレステロール値（ち）　　πウォーター（パイ）　　スリムファイン

○ 次の問題を考えながら聞きましょう。

1. 2人は何について話していますか。

2. 女の人の体重は何キロ減りましたか。

3. 女の人のウェストはどう変わりましたか。

4. お勧めのダイエット食品は何ですか。

5. 女の人はπウォーターについて何と言っていますか。

内容5

ウォーミングアップ

タイトル：ラジオ広告

提示単語：

洗顔(せんがん)ナチュサボン　癒(いや)す　石油系界面活性剤(せきゆけいかいめんかっせいざい)

○ 次の問題を考えながら聞きましょう。
1. これは何の広告ですか。メーカー名は何ですか。
2. このCMに出演している女優はだれですか。
3. この洗顔料には、どんな特長がありますか。

内容6

ウォーミングアップ

タイトル：ラジオ広告

提示単語：

フェスティバル　ブロンズ賞(しょう)　ポッキー　分(わ)かち合(あ)う

○ 次の問題を考えながら聞きましょう。
1. ACC CMフェスティバルでブロンズ賞を獲得したのは何のCMですか。メーカーはどこですか。
2. このCMの長さは何秒ですか。また、タイトルは何ですか。
3. 編集長たちはこのCMの特長は何だと言っていますか。
4. ブロンズ賞はACC CMフェスティバルでの最上位の賞ですか。
5. このCMはどんなストーリーか、自分の言葉で話してみてください。

内容 7

ウォーミングアップ

タイトル：ラジオ広告

提示単語：

シルバー賞（しょう）　　なりすまし犯罪（はんざい）　　テレビドアホン　　ものまね

○ 次の問題を考えながら聞きましょう。

1. この CM 作品はどんな賞を受賞しましたか。
2. この CM のタイトルは何ですか。何の広告ですか。
3. この CM の声優は市原悦子本人ですか。
4. パナソニックのテレビドアホンの主な機能は何ですか。
5. 編集長たちはこの CM のどんなところが魅力的だと言っていますか。

内容 8

ウォーミングアップ

タイトル：ラジオ広告

提示単語：

複合型（ふくごうがた）マリンリゾート　　テーマパーク　　ラグーナ蒲郡（がまごおり）
ヴィジュアル系紹介（けいしょうかい）

○ 次の問題を考えながら聞きましょう。

1. これは何の広告ですか。
2. ラグーナ蒲郡はどんなところですか。
3. この CM の長さは何秒ですか。
4. この CM についての編集長たちの感想をまとめてみてください。
5. この CM の中で、次のものはそれぞれ何にたとえられるか、（　　　）に書き入れてください。

　　ラグーナ蒲郡――漆黒の世に光をもたらす（　　　　　　　）

観覧車――天空より見下ろす(　　　　　　)

ジェットコースター――空を引き裂くパンドラの箱で泣き叫ぶ(　　　　　　)

メリーゴーランド――(　　　　　　)に跨り、回り続ける forever。

温泉――傷ついた羽を癒す(　　　　　　)

海鮮丼――この世の絶頂へといざなう(　　　　　　)

内容9

ウォーミングアップ

タイトル：ラジオ広告

提示単語：

金賞（きんしょう）　指宿温泉（いぶすきおんせん）　イブ好（ず）き　駄洒落（だじゃれ）

○ 次の問題を考えながら聞きましょう。

1. 金賞を受賞した作品は何のCMですか。そのタイトルは何ですか。
2. このCMが大好評な理由は何ですか。
3. 白水館の新しいCMが生まれたきっかけは何ですか。
4. このCMはいつから、誰が製作したものですか。
5. このCMについてどう思いますか。

内容10

ウォーミングアップ

スタイル：ラジオ広告

提示単語：

取（と）り付（つ）け　車庫（しゃこ）　大（だい）ヒット　モーションブライト　センサーライト

ミスターブライト

○ 次の問題を考えながら聞きましょう。

1. これは何の広告ですか。

2. ミスターブライトは何に使いますか。

3. ミスターブライト大ヒット記念として、どのような得なセットが提供されますか。

4. お申し込みの電話番号は何番ですか。

内容 11

ウォーミングアップ

スタイル：ラジオ広告

提示単語：

磁気腹巻（じきはらまき）　　メッシュ素材（そざい）　　突破（とっぱ）　　座（すわ）りっぱなし　　強力磁石（きょうりょくじしゃく）

○ 次の問題を考えながら聞きましょう。

1. これは何の広告ですか。

2. オールシーズン磁気腹巻の人気理由は何ですか。

3. オールシーズン磁気腹巻のメリットは何ですか。

4. オールシーズン磁気腹巻の値段はいくらですか。

5. オールシーズン磁気腹巻には、どんな効能がありますか。

第20課　ロボタン(ラジオドラマ)

ロボタン

ウォーミングアップ

スタイル：ラジオドラマ

登場人物：ロボタン　黒川あおい　そら　あかね　ももえ　みどり(母)

提示単語：

ハイテクノロジー	品切れ（しなぎれ）	問い合わす（といあわす）	納品（のうひん）	ガムテープ	陰謀（いんぼう）
嫌味（いやみ）	初期化（しょきか）	脳みそ（のうみそ）	バッテリー	弾丸（だんがん）	はね返す（はねかえす）	強靭（きょうじん）	馬力（ばりき）
人畜無害（じんちくむがい）	機械音痴（きかいおんち）	うそ発見器（うそはっけんき）	信憑性（しんぴょうせい）	呆ける（ぼける）	痴呆（ちほう）	人懐こい（ひとなつこい）
番犬（ばんけん）	模様替え（もようがえ）	頭皮マッサージ（とうひマッサージ）	贅肉（ぜいにく）	ビリジャン	てごわい	修行（しゅぎょう）
配置（はいち）	見取り図（みとりず）	年相応（としそうおう）	一人ぼっち（ひとりぼっち）	ぬいぐるみ	検診済み（けんしんずみ）

その1

○　次の問題を考えながら聞きましょう。

1. ロボタンとは何ですか。
2. これは何の話ですか。

メモ

1の選択肢
  a. 工業用ロボット
  b. 家庭用ロボット
  c. 介護用ロボット

2の選択肢
  a. ロボットを使う話
  b. ロボットが届いた話
  c. ロボットを買う話
  d. ロボットを教える話

○ では、更に次の問題を意識しながらもう一度聞きましょう。
  1. ロボタンの特徴は何か、3つ選んでください。
  2. いつロボタンを申し込んだのですか。
  3. 隣の奥さんが届けにきた宅急便の中身は何ですか。

メモ

1の選択肢
  a. 人間と全く同じです。
  b. 人工知能を搭載しています。
  c. ハイテクノロジーを追求しています。
  d. 学習機能が発達しています。
  e. 使いたいだけ使ってもいいです。

2の選択肢
  a. 8月中旬
  b. 今日
  c. 2ヶ月前
  d. 2週間前

3の選択肢
  a. ロボタンの申込書
  b. 申し込んだロボタン
  c. ディズニーランドの入場券
  d. フランスからのお土産

○ もう一度聞いて、次の問題に答えましょう。
  1. 宅急便はいつ届いたのですか。
  2. 内容と合っているものに○を、違っているものに×をつけてください。

第20課　ロボタン（ラジオドラマ）

メモ

1の選択肢
　a. 昨日　　　　　　b. 今日　　　　　　c. 2ヶ月前　　　　d. 2週間前

2の選択肢
　a. (　　) ロボタンを申し込んだら、すぐ届きました。
　b. (　　) ロボタンを注文したのは2ヶ月前です。
　c. (　　) ロボタンはすごい人気があって、商品が品切れです。
　d. (　　) 隣の奥さんは教育にあまり熱心ではありません。
　e. (　　) 宅急便は誰かに勝手に開けられていました。
　f. (　　) お母さんや子供さんは隣の奥さんの旅行の話を信じています。

その2

○　次の問題を考えながら聞きましょう。
　　1. 最初にロボタンを使った人は誰ですか。
　　2. 初期化したら、ロボタンはどうなりますか。

メモ

1の選択肢
　a. お母さん　　　　b. 息子さん　　　　c. 隣の奥さん　　　d. 娘さん

2の選択肢
　a. 学習したものを忘れます。　　　　b. 前の主人のことを忘れます。
　c. 経験したものを忘れます。　　　　d. 運転や家事を忘れます。

○　では、更に次の問題を意識しながらもう一度聞きましょう。
　　1. ロボタンの話し方は誰の真似をしていますか。
　　2. 届いたばかりのロボタンはどんな状態だったか、2つ選んでください。
　　3. どうしてロボタンが初期化できなかったのですか。

メモ

1 の選択肢
  a. 隣の奥さん   b. お母さん
  c. あかねさん   d. そらさん

2 の選択肢
  a. 隣の奥さんのことを覚えている状態   b. この家の人のことを覚えている状態
  c. 隣の奥さんに使われている状態   d. 初期化されている状態

3 の選択肢
  a. 壊れていたから   b. 電源を入れなかったから
  c. バッテリーが切れたから   d. 操作が間違っていたから

○ もう一度聞いて、次の問題に答えましょう。
   内容と合っているものに○を、違っているものに×をつけてください。

メモ

選択肢
  a. (　　) お母さんは最初のロボタンの話をうそだと思っています。
  b. (　　) ロボタンを人に譲ってはいけません。
  c. (　　) ロボタンはよく使われたら、人間より賢くなります。
  d. (　　) ロボタンはペットのように病気になります。
  e. (　　) お母さんは、隣の奥さんはわざとロボタンに色々とやらさせたと思っています。

その3

○ 次の問題を考えながら聞きましょう。
  1. 家族の中で最初に自己紹介をしたのは誰ですか。
  2. 黒川あおいは何年生ですか。

第20課　ロボタン（ラジオドラマ）

　　3. この家で誰が一番年下ですか。

メモ

1の選択肢
　a. お母さん　　　b. おばあさん　　　c. 息子さん　　　d. お父さん

2の選択肢
　a. 中学2年　　　b. 高校3年　　　c. 小学2年　　　d. 大学3年

3の選択肢
　a. 黒川しろ　　　b. 黒川あおい　　　c. 黒川あかね　　　d. 黒川そら

○　では、更に次の問題を意識しながらもう一度聞きましょう。
　　1. お父さんはどんな人ですか。2つ選んでください。
　　2. この家には子供が何人いますか。

メモ

1の選択肢
　a. 野球が好きな人　　　　　　b. ロボタンが好きな人
　c. 機械が苦手な人　　　　　　d. ロボタンが必要な人

2の選択肢
　a. 息子2人と娘1人　　　　　　b. 息子1人と娘2人
　c. 息子2人と娘2人　　　　　　d. 息子1人と娘1人

○　もう一度聞いて、次の問題に答えましょう。
　　1. 黒川そらの自己紹介はどうですか。
　　2. 内容と合っているものに○を、違っているものに×をつけてください。

メモ

1の選択肢
  a. 正直でまじめです。
  b. うそばかりです。
  c. 半分ぐらいうそです。

2の選択肢
  a. (   ) ロボタンはあらゆる言語、習慣、地理、歴史に精通しています。
  b. (   ) ロボタンのボディーは弾丸をはね返すことができます。
  c. (   ) ロボタンは子供に危ないから、気をつけなければなりません。
  d. (   ) お母さんは今でもみどりちゃんと呼ばれています。
  e. (   ) ロボタンは人の話がうそかどうか判断できます。
  f. (   ) この家の息子さんは女の子に人気があります。

その4

○ 次の問題を考えながら聞きましょう。
  1. おばあさんはロボタンを何だと思っていましたか。
  2. この家の犬はどんな犬ですか。

メモ

1の選択肢
  a. ロボット   b. 人間   c. 犬   d. 荷物
2の選択肢
  a. 人懐こい犬   b. 番犬になれる犬
  c. 人間を憎む犬   d. 頭がいい犬

○ では、更に次の問題を意識しながらもう一度聞きましょう。
  1. ロボタンはこの家族のどんなことを無理だと思っていますか。
  2. 家族のみなさんはロボタンにどんなことを頼みましたか。例のように線で繋いでください。

第20課　ロボタン(ラジオドラマ)

メモ

1の選択肢
　a. 家事をやること　　　　　　　b. 宿題をやること
　c. 贅肉を取るマッサージ　　　　d. 犬を散歩させること

2の選択肢
　例：a. お母さん　　　　　ア．部屋の模様替え
　　　b. おばあさん　　　　イ．夏休みの宿題
　　　c. 黒川あおい　　　　ウ．家事の手伝い
　　　d. 黒川そら　　　　　エ．モーニング娘グループへの加入
　　　e. 黒川あかね　　　　オ．肩のマッサージ

○　もう一度聞いて、次の問題に答えましょう。
　1. ロボタンにお手伝いの注文をしなかったのは誰ですか。
　2. 内容と合っているものに○を、違っているものに×をつけてください。

メモ

1の選択肢
　a. お母さん　　　　　　　　　b. お父さん
　c. おばあさん　　　　　　　　d. 子供さん

2の選択肢
　a. (　　)ロボタンは犬を怖がっています。
　b. (　　)ロボタンはどんなマッサージでもできます。
　c. (　　)ロボタンはお母さんのお手伝いの注文が多すぎると思っています。
　d. (　　)あかねさんはモーニング娘グループに入りたがっています。
　e. (　　)お母さんは自分で宿題をやったほうがいいと言いました。
　f. (　　)お父さんは頭がはげています。

その5

○ 次の問題を考えながら聞きましょう。
1. この日にロボタンが一番最初にしたのは何ですか。
2. 窓際のスペースを取ったのは誰ですか。

メモ

1の選択肢
a. さまざまな家事　　　　　　　b. 部屋の模様替え
c. ビリジヤンの散歩　　　　　　d. そらさんの宿題

2の選択肢
a. 黒川あかね　　b. 黒川あおい　　c. 黒川そら　　d. ロボタン

○ では、更に次の問題を意識しながらもう一度聞きましょう。
1. 子供部屋は何人で使いますか。
2. 見取り図を書いたのは誰ですか。
3. なぜロボタンはぬいぐるみを置いたのですか。

メモ

1の選択肢
a. 1人　　　　　b. 2人　　　　　c. 3人　　　　　d. 4人

2の選択肢
a. ロボタン　　　b. あおい　　　c. そら　　　d. あかね

3の選択肢
a. 部屋がかわいくなるから　　　　b. そらさんからもらったから
c. あかねさんが寂しがるから　　　d. あかねさんが好きだから

○ もう一度聞いて、次の問題に答えましょう。
1. 内容と合っているものに○を、違っているものに×をつけてください。
2. 模様替えの後、部屋はどうなったか、2つ選んでください。

メモ

1の選択肢

a. (　　) ロボタンは、お母さんはかわいいと思っています。
b. (　　) ロボタンは予備のバッテリーを持っています。
c. (　　) ロボタンは宿題をやってから、部屋の模様替えをしました。
d. (　　) そらさんは朝起きるのが遅いです。
e. (　　) ロボタンは熊のぬいぐるみを作りました。

2の選択肢

a. 収納スペースがあります。　　　b. プライベートが守られます。
c. 広さが変わりました。　　　　　d. 壁で区切られています。

課外でチャレンジしましょう

ロボタン

ウォーミングアップ

スタイル:ラジオドラマ
登場人物:同上
提示単語:

縫い目	パネル	特殊パーツ	靴べら	はえたたき	耳掻き
まごのて	栓抜き	スプレー	虫除け	ゴキブリ	口臭スプレー
フレーム	ウェットスーツ	ダイビング	でっかい	ビキニルック
落書き	引っ張る

その6

○ 次の問題を考えながら聞きましょう。
1. ぬいぐるみに、誰が何という名前をつけましたか。
2. 特殊パーツを組みかえれば、ロボタンはどんなものになれるか、例を挙げて説明してください。
3. ロボタンはどんなスプレーになれるか、例を挙げて説明してください。
4. あおいさんは口臭スプレーについてどう思っていますか。

その7

○ 次の問題を考えながら聞きましょう。
1. 子供たちはそれぞれどんなスタイルの写真を撮りましたか。
2. ロボタンは体のどの部分を使って落書きしましたか。
3. ロボタンは誰の行動が理不尽だと思っていますか。
4. ロボタンの最後の「理不尽」という言い方に、お母さんはどうなりましたか。

附录

一、日本的都道府县

日本行政区划分一都一道二府 43 县，都道府县下设市，或为郡→町→村。另外，日本习惯上从北至南划分如下八个地区：北海道(ほっかいどう)地方、東北(とうほく)地方、関東(かんとう)地方、中部(ちゅうぶ)地方、近畿(きんき)地方、中国(ちゅうごく)地方、四国(しこく)地方、九州(きゅうしゅう)地方(其位置和区域参看本附录中的日本略图)。不管是都、道、府、县的读法还是各地区的读法，因为在时政要闻、乡土风情、交通信息和天气预报等中频频出现，所以应该记住。

我们这里只列出一都一道二府 43 县的名称及首府所在地的名称。

类别		日语名称写法及读法	首府所在地
都		東京都(とうきょうと)	東京
道		北海道(ほっかいどう)	札幌市(さっぽろし)
府		大阪府(おおさかふ)	大阪市
		京都府(きょうとふ)	京都市
東北地方	県	青森県(あおもりーけん)	青森市
		岩手(いわて)	盛岡市(もりおかし)
		宮城(みやぎ)	仙台市(せんだいし)
		秋田(あきた)	秋田市
		山形(やまがた)	山形市
		福島(ふくしま)	福島市
関東地方	県	茨城(いばらき)	水戸市(みとし)
		栃木(とちぎ)	宇都宮市(うつのみやし)
		群馬(ぐんま)	前橋市(まえばしし)
		埼玉(さいたま)	さいたま市
		千葉(ちば)	千葉市
		神奈川(かながわ)	横浜市(よこはまし)

续　表

类别		日语名称写法及读法	首府所在地
中部地方	県	新潟(にいがた)	新潟市
		富山(とやま)	富山市
		石川(いしかわ)	金沢市(かなざわし)
		福井(ふくい)	福井市
		山梨(やまなし)	甲府市(こうふし)
		長野(ながの)	長野市
		静岡(しずおか)	静岡市
		岐阜(ぎふ)	岐阜市
		愛知(あいち)	名古屋市(なごやし)
近畿地方	県	三重(みえ)	津市(つし)
		滋賀(しが)	大津市(おおつし)
		兵庫(ひょうご)	神戸市(こうべし)
		奈良(なら)	奈良市
		和歌山(わかやま)	和歌山市
中国地方	県	鳥取(とっとり)	鳥取市
		島根(しまね)	松江市(まつえし)
		岡山(おかやま)	岡山市
		広島(ひろしま)	広島市
		山口(やまぐち)	山口市
四国地方	県	徳島(とくしま)	徳島市
		香川(かがわ)	高松市(たかまつし)
		愛媛(えひめ)	松山市(まつやまし)
		高知(こうち)	高知市
九州地方	県	福岡(ふくおか)	福岡市
		佐賀(さが)	佐賀市
		長崎(ながさき)	長崎市
		熊本(くまもと)	熊本市
		大分(おおいた)	大分市
		宮崎(みやざき)	宮崎市
		鹿児島(かごしま)	鹿児島市
		沖縄(おきなわ)	那覇市(なはし)

二、东京轨道交通图

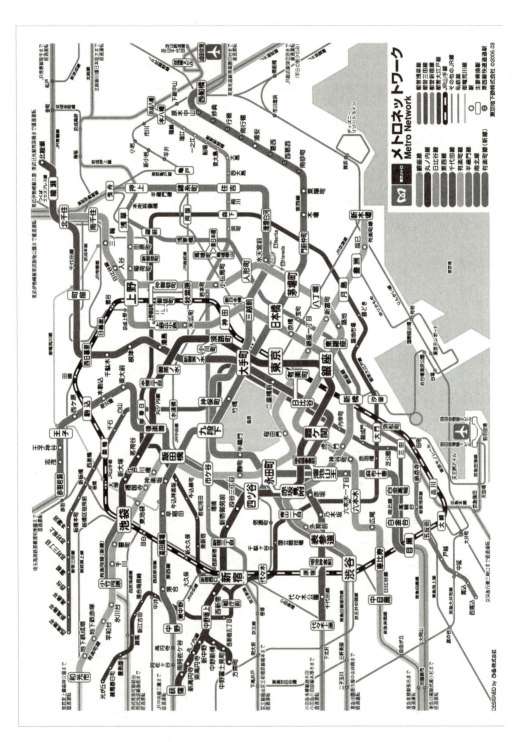

三、大阪軌道交通図

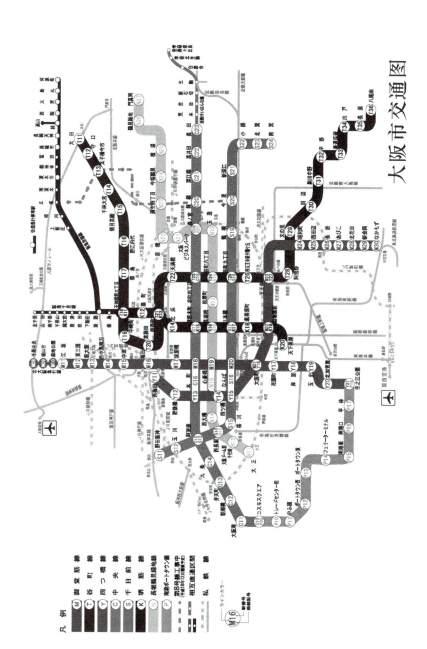

四、単语表(単語リスト)

第1課　童話(語り)

表　記	読み方	中国語訳
嘗める	なめる	舔,尝
バリバリ		揭去纸张或木板等时所发出的声音
とっくに		很早,已经
咄嗟	とっさ	瞬间,立刻
硯	すずり	砚台
囲碁	いご	围棋
呉服屋	ごふくや	绸布店,和服店,做和服生意的人
張り紙	はりがみ	贴纸,告示
毛皮	けがわ	毛皮
頓知	とんち	机灵,机智
敵う	かなう	匹敌
バチ		鼓槌
なにやら		不知是何物
立て札	たてふだ	揭示牌,告示牌
おかまい		介意,客气
堂々	どうどう	堂堂
冑を脱ぐ	かぶとをぬぐ	投降,认输
お姫様	おひめさま	小姐,公主
琴	こと	琴

夢枕	ゆめまくら	梦枕
観音様	かんのんさま	观音菩萨
お告げ	おつげ	告诉,通知
被せる	かぶせる	蒙,盖,罩
屋敷	やしき	宅地,宽阔的宅邸
とぼとぼ		有气无力走路貌
気味悪い	きみわるい	令人不快的
化け物	ばけもの	妖怪,怪物
くたくた		筋疲力尽的样子
疲れ果てる	つかれはてる	筋疲力尽
担ぐ	かつぐ	担,挑,扛
浮く	うく	漂,漂浮
浮かぶ	うかぶ	漂,漂浮
ずんずん		事物进展快而顺利貌
川岸	かわぎし	河岸
武家	ぶけ	武士家族
若君	わかぎみ	公子,年少的君主
通りかかる	とおりかかる	正要经过,恰巧路过
家来	けらい	家臣,仆人
岸上	きしがみ	岸上
哀れ	あわれ	悲哀,可怜
音色	ねいろ	音色
祀る	まつる	祭祀
拝む	おがむ	拜,叩拜
見とれる	みとれる	看得入迷

第2課　伝統行事(解説)

表　記	読 み 方	中 国 語 訳
宮中	きゅうちゅう	宫中
御殿	ごてん	宫殿

詩歌	しいか	诗歌
天の川	あまのがわ	天河，银河
織姫	おりひめ	织女
天女	てんにょ	仙女
言い付け	いいつけ	吩咐
牽牛	けんぎゅう	牵牛
牛飼い	うしかい	牛倌
引き離す	ひきはなす	拆散
ベガ		织女星
アルタイル		牛郎星
笹	ささ	矮竹
短冊	たんざく	诗笺
カラフル		色彩绚丽，色彩斑斓
クリスマスツリー		圣诞树
吹流し	ふきながし	风幡
パレード		游行队伍
招き猫	まねきねこ	招手猫
商売繁盛	しょうばいはんじょう	生意兴隆
縁起物	えんぎもの	吉祥物
豪徳寺	ごうとくじ	豪徳寺
鷹狩り	たかがり	鹰猎
江州彦根	こうしゅうひこね	江州彦根（地名）
殿様	とのさま	老爷
井伊直孝	いいなおたか	井伊直孝（人名）[1590～1659]江户初期的武将。近江国彦根藩主。
掃部頭	かもんのかみ	掃部寮的长官。主要掌管宫廷中的卫生及会场使用。掃部寮归属宫内省。
頻りに	しきりに	频频
手招き	てまねき	招手
後日	ごじつ	日后
菩提所	ぼだいしょ	（菩提寺）家庙
招き入れる	まねきいれる	招进
厄除け	やくよけ	除厄避邪

無病息災	むびょうそくさい	祛病消灾
恋愛成就	れんあいじょうじゅ	恋爱成功
絵画仕様	かいがしよう	绘画样式
インテリア		室内装饰
国技	こくぎ	国技
色濃い	いろこい	色泽浓艳
しきたり		习惯
古	いにしえ	古代
格式	かくしき	礼节，虚礼，排场
重んじる	おもんじる	重视
プロスポーツ		职业体育运动
力比べ	ちからくらべ	比力量
格闘技	かくとうぎ	格斗
ルーツ		起源
有力視	ゆうりょくし	主要看法，一般认为
神事	しんじ	祭神（仪式）
五穀豊穣	ごこくほうじょう	五谷丰登
受け継ぐ	うけつぐ	继承
武芸	ぶげい	武艺
嗜む	たしなむ	嗜好
芸能	げいのう	表演艺术
興行	こうぎょう	演出
花形	はながた	红人，名角，明星
剣術	けんじゅつ	剑术
弓術	きゅうじゅつ	箭术
取り組み	とりくみ	（相扑）编组
土俵	どひょう	（相扑）摔跤场
回し	まわし	（力士用的）兜裆布
挑む	いどむ	挑战
テーピング		绷带
髷	まげ	发髻
結う	ゆう	扎，梳
鬢付け油	びんつけあぶら	固发油

大銀杏	おおいちょう	银杏发型
脈々と	みゃくみゃくと	一脉相承
序ノ口	じょのくち	序之口（相扑的段位）
序二段	じょにだん	序二段（相扑的段位）
三段目	さんだんめ	三段目（相扑的段位）
幕下	まくした	幕下（相扑的段位）
十両	じゅうりょう	十两（相扑的段位）
幕内	まくうち	幕内（相扑的段位）
関取	せきとり	关取（相扑的段位）
土俵入り	どひょういり	力士进入摔跤场的仪式
化粧回し	けしょうまわし	（相扑十二级以上力士入场式用的）刺绣围裙
金糸	きんし	金线
銀糸	ぎんし	银线
前垂れ	まえだれ	围裙
ライティング		照明，灯光
前頭	まえがしら	前头（相扑的段位）
小結	こむすび	小结（相扑的段位）
関脇	せきわけ	关肋（相扑的段位）
大関	おおぜき	大关（相扑的段位）
横綱	よこづな	横纲（相扑的段位）
因む	ちなむ	来自，由来于
格付け	かくづけ	定等级
兼ね備える	かねそなえる	兼备
お清め	おきよめ	净身
審判	しんぱん	裁判
行司	ぎょうじ	相扑裁判员
耳馴染み	みみなじみ	耳熟
格下	かくした	等级低
懸賞	けんしょう	悬赏
報奨金	ほうしょうきん	奖金
スポンサー		资助人，赞助商
旗状	はたじょう	旗状

気合い	きあい	精神贯注,鼓劲
混ざり合う	まざりあう	相互融合
チャンコ		相扑力士火锅
親方	おやかた	师傅
弟子入り	でしいり	当学徒
万遍無い	まんべんない	没有遗漏
具材	ぐざい	食品材料
水炊き	みずたき	清炖嫩鸡肉
ベース		为主,基础,基本
キムチ		朝鲜辣白菜
豆乳だし	とうにゅうだし	豆浆
バリエーション		变化丰富多样
団欒	だんらん	团圆

第3課　風習の数々（解説）

表　記	読み方	中　国　語　訳
門出	かどで	出门,出发
リフレッシュ		恢复精神
ドンチャン騒ぎ	～さわぎ	一边喝酒一边又唱又笑地喧闹
併せ持つ	あわせもつ	兼有
安土桃山	あづちももやま	安土桃山时代(1568—1598)
秀吉	ひでよし	丰臣秀吉(人名)
宴	うたげ	宴会
文禄	ぶんろく	文禄(年号,1592—1596)
吉野山	よしのやま	吉野山(地名)
醍醐寺	だいごじ	醍醐寺
京	きょう	京都(地名)
三宝院	さんぼういん	三宝院
殊の外	ことのほか	格外
観桜	かんおう	观樱

近江	おうみ	近江（地名）
山城	やましろ	山城（地名）
河内	かわち	河内（地名）
大和	やまと	大和（地名）
取り寄せる	とりよせる	让送来
熱狂	ねっきょう	狂热
家康	いえやす	德川家康（人名）
秀忠	ひでただ	德川秀忠（人名）
家光	いえみつ	德川家光（人名）
参勤交代	さんきんこうたい	（江户时代诸侯每隔一年来江户的）轮流晋谒制，轮流到幕府供职的制度
桜狩り	さくらがり	（到山野）观赏樱花
公家	くげ	朝廷
サ神	さがみ	山神
くさぐさ		各种各样
供え物	そなえもの	供品
神前	しんぜん	神前
サカナ		下酒菜,酒肴
下げ渡す	さげわたす	下发
逆転	ぎゃくてん	逆转
クラ		神座
神霊	しんれい	神灵
依り鎮まる	よりしずまる	镇守（一方）
磐座	いわくら	神座
高御座	たかみくら	御座
バレンタイン・デー		情人节
セントバレンタイン		圣瓦伦丁
聖者	せいじゃ	圣徒
寄り添う	よりそう	紧挨,依偎
悼む	いたむ	悼念
グリーティング・カード		贺卡
英字新聞	えいじしんぶん	英文报纸
聞きつける	ききつける	听惯

日本語	よみがな	中国語
キャンペーン		宣传活动
製菓	せいか	制作糕点
商戦	しょうせん	商战
芽生え始める	めばえはじめる	开始萌芽
購買	こうばい	购买
義理チョコ	ぎりチョコ	送给朋友、上司的巧克力
本命チョコ	ほんめいチョコ	送给心上人的巧克力
待ちかねる	まちかねる	焦急地等待
コンビニエンスストア		24小时方便店
販売量	はんばいりょう	销售量
芸者	げいしゃ	艺妓
舞妓	まいこ	舞妓
祇園	ぎおん	祇园（地名）
参拝客	さんぱいきゃく	参拜客
茶店	ちゃみせ	茶店
水茶屋	みずぢゃや	茶屋
三味線	しゃみせん	三弦
舞	まい	舞
集客合戦	しゅうきゃくがっせん	竞相招揽顾客
熾烈	しれつ	激烈
極める	きわめる	达到极限
活況	かっきょう	繁荣
交遊	こうゆう	交际
轟く	とどろく	（名声）四震
割り込む	わりこむ	减少
積み重ねる	つみかさねる	积累
店出し	みせだし	舞妓初次表演
デビュー		初次登台表演，出道
京言葉	きょうことば	京都话
因みに	ちなみに	顺便讲一下
労働基準法	ろうどうきじゅんほう	劳动基本法
児童福祉法	じどうふくしほう	儿童福祉法，儿童福利法
変身	へんしん	摇身一变

第4課　生活安全情報（解説）

表　記	読 み 方	中 国 語 訳
未然	みぜん	未然
防犯	ぼうはん	防止犯罪
一助	いちじょ	一点帮助，一臂之力
パターン		样式，榜样，样本，类型
後方	こうほう	后方
ハンドバッグ		（妇女放化妆品等用的）小手提包
裏通り	うらどおり	背街小巷，后巷，背里胡同
脇	わき	旁边，侧面
開錠	かいじょう	开锁
錠前	じょうまえ	锁
ロータリーリスク		环形交叉锁
電子ロック	でんしロック	电子锁
マグネット式	マグネットしき	磁石、磁铁式样
リンプルキー		加固保险锁
ガードプレート		防护板
補助錠	ほじょじょう	辅助锁
板ガラス	いたガラス	平板玻璃，板状的玻璃
合わせガラス	あわせガラス	夹层玻璃，强化玻璃的一种
足場	あしば	立脚点，脚手架
ベランダ		阳台，凉台，走廊
格子状	こうしじょう	格子状
見通し	みとおし	眺望，能见度，看穿
溜める	ためる	积累，积聚
植木鉢	うえきばち	花盆，种植花木的容器
誘拐	ゆうかい	诱拐，拐骗
模倣性	もほうせい	模仿性
犯行	はんこう	罪行，犯罪行为
通報	つうほう	通报，报告，通知

余所	よそ	别人家,别处
絆す	ほだす	绊住,缠住
標的	ひょうてき	目标
商法	しょうほう	经商方法
訪問販売	ほうもんはんばい	上门推销
怒鳴る	どなる	大声喊叫,大声斥责
納品書	のうひんしょ	交货单
撃退	げきたい	击退,打退
偽る	いつわる	欺骗,哄骗
根こそぎ	ねこそぎ	全部,一点不留
搾り取る	しぼりとる	榨取,剥削,勒索
毅然	きぜん	毅然
脅かす	おどかす	威胁,吓唬
鵜呑み	うのみ	吞食,没理解内容就同意
後払い	あとばらい	后付款,赊购
分割	ぶんかつ	分期(付款),分割,分开
カモ		冤大头,容易被欺骗的人
潜る	くぐる	穿过,钻过
消防署	しょうぼうしょ	消防署
自治会	じちかい	自治会
管内	かんない	管辖范围内
出火	しゅっか	起火
消火	しょうか	消防,灭火
タイミング		适时,合乎时机,机遇
伏せる	ふせる	躺下,趴下
燃え広がる	もえひろがる	(火势)蔓延
リットル		升
懐中電灯	かいちゅうでんとう	手电筒
頭巾	ずきん	头巾
ヘルメット		安全帽,钢盔
目安	めやす	大致目标,头绪
支障	ししょう	障碍,阻碍
転倒	てんとう	翻倒,跌倒

落下	らっか	落下，掉下
金具	かなぐ	小五金，固定用的金属制品
飛散	ひさん	飞散，飞溅
茶箪笥	ちゃだんす	茶具柜
収納	しゅうのう	收藏，收纳，装入
破片	はへん	破片，碎片
安否	あんぴ	是否平安
近寄る	ちかよる	挨近，靠近，接近

第5課　天気予報（対談・解説）

表　記	読み方	中国語訳
北陸山陰	ほくりくさんいん	北陆山阴（地名）
氷点下	ひょうてんか	零下
金沢	かなざわ	金泽（地名）
松江	まつえ	松江（地名）
凍てつく	いてつく	结冰
山沿い	やまぞい	沿山地带
吹雪く	ふぶく	风雪交加，起暴风雪
高波	たかなみ	大浪，高浪
緩む	ゆるむ	缓和
高気圧	こうきあつ	高气压
和らぐ	やわらぐ	缓和，平静下来
速報	そくほう	快报，简短的报道
スギ		杉树
ヒノキ		丝柏，扁柏
収束	しゅうそく	结束
花粉症	かふんしょう	花粉症，花粉过敏
シラカバ		白桦
ピーク		最高峰，最高潮
ブタクサ		猪草

ヨモギ		艾,艾蒿
キク科	キクか	菊科
受診	じゅしん	接受诊断
満喫	まんきつ	玩味,享受,饱尝
下り坂	くだりざか	天气变坏
陽気	ようき	暖和的天气,好天气
紫外線	しがいせん	紫外线
那覇	なは	那覇(地名)
ぐずつく		不开晴,阴天
全般に	ぜんぱんに	整个地,普遍地
大型連休	おおがたれんきゅう	长假
遠出	とおで	远行,出远门
北上	ほくじょう	北上,北进
上陸	じょうりく	登陆,上陆
潮岬	しおのみさき	潮岬(地名)
南南東	なんなんとう	南与东南之间的方位
北北西	ほくほくせい	北与西北之间的方位
ヘクトパスカル		一百帕斯卡,一毫巴(气压单位)
局地的	きょくちてき	局部地区,局地
近畿	きんき	近畿(地名)
甲信	こうしん	山梨县和长野县一带的总称(地名)
大時化	おおしけ	(海上的)风暴,惊涛骇浪
リュック		背包,(登山)背囊
背負う	せおう	背,背负
力及ばず	ちからおよばず	力所不及
一時雨	いちじあめ	阵雨
日陰	ひかげ	背阴处,阴凉处
着替え	きがえ	换季衣服,替换的衣服
蕾	つぼみ	花蕾,花骨朵
綻びる	ほころびる	绽放,开放
分かれ目	わかれめ	界限,分界点
梅雨前線	ばいうぜんせん	梅雨前锋
横断	おうだん	横贯,横穿

等圧線	とうあつせん	等压线
土砂災害	どしゃさいがい	泥石流、滑坡等灾害
浸水	しんすい	浸水，进水
横這い状態	よこばいじょうたい	停滞状态，平稳状态
濡れる	ぬれる	淋湿，沾湿
冷える	ひえる	变冷，变凉
梅雨入り	つゆいり	入梅，进入梅雨季节
間近	まぢか	临近，接近
震源	しんげん	震源
震度	しんど	（地震）烈度
津波	つなみ	海啸
佐伯市	さいきし	佐伯市（地名）
呉市	くれし	吴市（地名）
今治市	いまばりし	今治市（地名）
八幡浜市	やわたはまし	八幡滨市（地名）
西予市	せいよし	西予市（地名）
伊方町	いかたちょう	伊方町（地名）
岡山市	おかやまし	冈山市（地名）
松山市	まつやまし	松山市（地名）
大分市	おおいたし	大分市（地名）
宮崎市	みやざきし	宫崎市（地名）
萩市	はぎし	萩市（地名）
大島	おおしま	大岛（地名）
四万十市	しまんとし	四万十市（地名）
阿蘇市	あそし	阿苏市（地名）
吉賀町	よしがちょう	志贺町（地名）
多度津町	たどつちょう	多度津町（地名）
マグニチュード		震级，级
雪崩	なだれ	雪崩
積雪	せきせつ	积雪
熊谷市	くまがやし	熊谷市（地名）
石巻市	いしのまきし	石卷市（地名）
伊豆諸島	いずしょとう	伊豆诸岛

突風	とっぷう	突然猛刮的风，阵风，狂风
在来線	ざいらいせん	原有铁路线（相对JR新干线而言）
見合わせる	みあわせる	推迟，缓办，暂停；对视；对照，对比
運休	うんきゅう	停运，停开
岩元良介	いわもとりょうすけ	岩元良介（人名）
ディレクター		节目主持人
シャーベット状	シャーベットじょう	布丁状，果冻状
山手線	やまのてせん	山手线（日铁JR的铁路线之一）
改札口	かいさつぐち	检票口
小田急	おだきゅう	小田急线（日本民营铁路线之一）
京王線	けいおうせん	京王线（日本民营铁路线之一）
ダイヤ		列车运行时刻表
欠航	けっこう	航班取消，停飞
通行止め	つうこうどめ	禁止通行，交通管制
東名高速道路	とうめいこうそくどうろ	东名高速公路
裾野市	すそのし	裾野市（地名）
立往生	たちおうじょう	车抛锚；进退两难；无计可施
持病	じびょう	慢性病；老病；老毛病
インターチェンジ		高速公路出入口，匝道

第6課　駅構内・車内放送（オリジナル放送）

表　記	読み方	中国語訳
お越し	おこし	光临
エクスプレス		特快
山手線	やまのてせん	山手线
内回り	うちまわり	内环
原宿	はらじゅく	原宿（地名）
恵比寿	えびす	惠比寿（地名）
五反田	ごたんだ	五反田（地名）
品川	しながわ	品川（地名）

浜松町	はままつちょう	浜松町（地名）
外回り	そとまわり	外环
高田馬場	たかだのばば	高田马场（地名）
目白	めじろ	目白（地名）
田端	たばた	田端（地名）
日暮里	にっぽり	日暮里（地名）
埼京線	さいきょうせん	埼京线
赤羽	あかばね	赤羽（地名）
武蔵野	むさしの	武藏野（地名）
大宮	おおみや	大宫（地名）
川越	かわごえ	川越（地名）
中央線	ちゅうおうせん	中央线
上下	じょうげ	（列车的）上行、下行
総武線	そうぶせん	总武线
錦糸町	きんしちょう	锦丝町（地名）
船橋	ふなばし	船桥（地名）
津田沼	つだぬま	津田沼（地名）
中野	なかの	中野（地名）
三鷹	みたか	三鹰（地名）
京阪	けいはん	日本的京都和大阪（及其周围地区）
出町柳	でまちやなぎ	出町柳（地名）
北浜	きたはま	北浜（地名）
天満橋	てんまばし	天满桥（地名）
京橋	きょうばし	京桥（地名）
中書島	ちゅうしょじま	中书岛（地名）
丹波橋	たんばばし	丹波桥（地名）
七条	しちじょう	七条（地名）
四条	しじょう	四条（地名）
三条	さんじょう	三条（地名）
六地蔵	ろくじぞう	六地藏（地名）
黄檗	おうばく	黄檗（地名）
宇治	うじ	宇治（地名）
近鉄京都線	きんてつきょうとせん	近铁京都线

大津	おおつ	大津（地名）
琵琶湖	びわこ	琵琶湖
八瀬	やせ	八瀬（地名）
大原	おおはら	大原（地名）
鞍馬	くらま	鞍马（地名）
編成	へんせい	编组
回送列車	かいそうれっしゃ	回库空车
禁煙車両	きんえんしゃりょう	禁烟车厢
デッキ		车厢连接处
盗難事故	とうなんじこ	盗窃事件
網棚	あみだな	网架
不審物	ふしんぶつ	可疑物品
お気がかり	おきがかり	担心
備えつけ	そなえつけ	备置
上越新幹線	じょうえつしんかんせん	上越新干线
高崎線	たかさきせん	高崎线
京浜東北線	けいひんとうほくせん	京滨东北线
川越線	かわごえせん	川越线
常磐線	じょうばんせん	常磐线
川崎	かわさき	川崎（地名）
浦和	うらわ	浦和（地名）
横須賀線	よこすかせん	横须贺线
西武快速線	せいぶかいそくせん	西武快速线
京葉線	けいようせん	京叶线
JR東日本	ジェーアールひがしにほん	日本东部铁路公司

第7課　ニュース［政治・社会］（ラジオニュース）

表　記	読み方	中国語訳
文部科学大臣	もんぶかがくだいじん	文部科学大臣

無償	むしょう	无偿
閣議	かくぎ	内阁会议
記者会見	きしゃかいけん	记者招待会
翳す	かざす	挥起,举起
試算	しさん	估算
措置	そち	措施,处理
与党	よとう	执政党
内閣府	ないかくふ	内阁府
意識調査	いしきちょうさ	意识调查
出来事	できごと	事故,事件
絆	きずな	纽带,束缚
寄り添う	よりそう	挨近,贴近
顧客	こきゃく	顾客
派遣社員	はけんしゃいん	外包公司员工
データベース		数据库
アクセス		接入,接触
形跡	けいせき	迹象,痕迹
警視庁	けいしちょう	警察厅
不正	ふせい	不正当
疑い	うたがい	怀疑
保守	ほしゅ	保存,保管
委託	いたく	委托
貸与	たいよ	出借,借给
家計	かけい	家庭收支情况
共働き	ともばたらき	夫妇双职工
出生率	しゅっしょうりつ	出生率
切れ目	きれめ	裂缝,断层
相模原市	さがみはらし	相模原市(地名)
小田急線	おだきゅうせん	小田急线(东京线路名)
車庫	しゃこ	车库
脱線	だっせん	脱轨
始発	しはつ	早班,第一班
誘導	ゆうどう	引导

表記	読み方	中国語訳
復旧	ふっきゅう	复原,恢复
伊藤忠	いとうちゅう	伊藤忠(公司名)
出向	しゅっこう	派赴
ニュージーランド		新西兰
着服	ちゃくふく	贪污
横領	おうりょう	侵吞,霸占
出資	しゅっし	投资
経理	けいり	会计事务
懲戒	ちょうかい	惩戒
コンプライアンス		依从,屈从
新宿御苑	しんじゅくぎょえん	新宿御苑(公园名)
八重桜	やえざくら	八重樱(樱花品种)
月額	げつがく	每月金额
復興	ふっこう	复兴,振兴
運営	うんえい	运营,运作
困窮	こんきゅう	贫困,窘迫
別物	べつもの	区别,不同
タイミング		时机
多額	たがく	大金额
立法	りっぽう	立法

第8課　政府広報(会話・解説)

表記	読み方	中国語訳
チャイルドシート		儿童安全座椅
未満	みまん	未满,不足
エネルギー		能量;能源;体力,精力
無駄	むだ	白费,徒劳,浪费
適正	てきせい	恰当,合理,公道;适当的
冷暖房	れいだんぼう	冷气和暖气设备
レジャー時	レジャーじ	空闲时,休闲娱乐时

心がける	こころがける	留心，注意，留神，用心
日頃	ひごろ	平时，平常
省エネ	しょうエネ	节能
ドラッグ		药品；麻醉剂；毒品，兴奋剂
ださい		土里土气的，俗气的
誘惑に乗る	ゆうわくにのる	经不住诱惑，上当，受骗
おしまい		完了，完蛋，不可挽救
架空請求	かくうせいきゅう	诈骗，网络诈骗，诈骗汇款
チェック		检查，检验，确认
入金	にゅうきん	进款，收款；交款，汇款
有料サイト	ゆうりょうサイト	收费网站
債権回収	さいけんかいしゅう	收回欠款，收帐
封書	ふうしょ	封口的书信
出向く	でむく	前往，前去
煽る	あおる	激起，煽动，鼓动
振り込む	ふりこむ	存入，汇入，汇款
ケース		事例，例子，情形
対処	たいしょ	处理，应付，对付
悪質業者	あくしつぎょうしゃ	心术不正的商人，奸商
金融機関	きんゆうきかん	金融机构
預金口座	よきんこうざ	存款户头，帐户
悪用	あくよう	滥用，用于不良目的
講じる	こうじる	采取（措施），想（办法）
不審	ふしん	可疑，怀疑
安易	あんい	简单，轻而易举；掉以轻心
ご機嫌	ごきげん	高兴，心情好
原動機	げんどうき	发动机，电动机
飲酒運転	いんしゅうんてん	酒后驾驶，酒驾
凶器	きょうき	凶器
アルコール		酒精；酒类
過信	かしん	过于相信，过于自信
ブレーキ		刹车（器），车闸
業務上過失致死	ぎょうむじょうかしつちし	过失杀人；事故中所造成的死亡

危険運転致死傷罪	きけんうんてんちししょうざい	危险驾驶致人死伤罪
空前	くうぜん	空前,前所未有的
ペットブーム		宠物热
しつけ		教育,管教,训练,教养
愛護	あいご	爱护,保护
不妊	ふにん	绝育,不孕
去勢	きょせい	去势,阉割
繁殖制限	はんしょくせいげん	控制生育,限制繁殖
名札	なふだ	姓名牌,姓名卡
マイクロチップ		微型集成电路
飼い主	かいぬし	饲养者,宠物的主人
妄りに	みだりに	胡乱,任意,不合情理
虐待	ぎゃくたい	虐待
共生	きょうせい	共生,共同生存
モラル		道德,伦理
地球温暖化	ちきゅうおんだんか	地球温暖化,温室效应
寒冷	かんれい	寒冷
産業革命	さんぎょうかくめい	产业革命
発電所	はつでんじょ	发电站
化石燃料	かせきねんりょう	化石燃料,化石能源
二酸化炭素	にさんかたんそ	二氧化碳
温室効果ガス	おんしつこうかガス	温室气体,温室效应气体
裏付ける	うらづける	印证,证明,证实
観測史上	かんそくしじょう	观测史上
メタン		甲烷,沼气
北極海	ほっきょくかい	北冰洋
NASA		美国宇航局
先進国	せんしんこく	发达国家,先进国家
開発途上国	かいはつとじょうこく	发展中国家
沿岸部	えんがんぶ	沿海地区
異常気象	いじょうきしょう	异常气象,异常天气
ハリケーン		飓风

多発	たはつ	多发，多次发生
干ばつ	かんばつ	干旱，旱灾
絶滅	ぜつめつ	灭绝，绝种
電球	でんきゅう	电灯泡
蛍光灯	けいこうとう	日光灯，荧光灯
世田谷区	せたがやく	世田谷区（地名）
保育園	ほいくえん	幼儿园，托儿所
就学前	しゅうがくまえ	学龄前，上小学前
防犯プログラム	ぼうはんプログラム	自我防范培训，个人安全培训
保育士	ほいくし	托儿所老师
脅かす	おびやかす	威胁，威逼，胁迫
術	すべ	方法，办法，策略
足立区立千寿小学校	あだちくりつせんじゅしょうがっこう	足立区立千寿小学
セーフティー		安全
警視庁	けいしちょう	警视厅，首都警察厅
少年育成課	しょうねんいくせいか	少年培养科
怪しい	あやしい	古怪，可疑，异样，怪异
詐欺	さぎ	诈骗，欺诈
小まめ	こまめ	勤奋，勤勉，勤快，勤勤恳恳
狙う	ねらう	瞄准；以……为目标；伺机
振り込め詐欺	ふりこめさぎ	诈骗汇款，以各种名目诈骗汇钱
手口	てぐち	做坏事时的手段、方法
上回る	うわまわる	超过，超出
騙る	かたる	欺骗，冒名；骗取，诈骗
振込型	ふりこみがた	汇款型
現金送付型	げんきんそうふがた	邮寄现金型
キャッシュカード		现金卡
現金受取型	げんきんうけとりがた	领取现金型
奪い取る	うばいとる	抢夺，夺取，掠夺
最寄り	もより	就近，附近，最近处
スマートフォン		智能手机
セキュリティ対策	セキュリティたいさく	安全保护措施

表記	読み方	中国語訳
メッセージ		留言,口信
差出人	さしだしにん	发信人,寄件人,寄信人
偽る	いつわる	冒充,假冒,欺骗
添付	てんぷ	附加,添加,附上
ウイルス		病毒
装う	よそおう	假装成,伪装成
ホームページ		网页,主页
アクセス		存取,选取数据
誘導	ゆうどう	引导,诱导
パスワード		密码,暗号
ウェブサイト		网站
不正	ふせい	不正当,不正经,非法
ソフトウェア		软件
アプリケーション		应用程序
インストール		安装
リンク		链接
クリック		单击,点击
セキュリティサイト		安全网站
問い合わせ	といあわせ	咨询,问询,询问
内閣官房情報セキュリティセンター	ないかくかんぼうじょうほうセキュリティセンター	内阁官房信息安全中心

第9課　健康に暮らしましょう（解説）

表　記	読み方	中国語訳
ボディー		身体
日焼け止め	ひやけどめ	防晒
ガード		保护,防守
首筋	くびすじ	脖子,脖颈
老化	ろうか	老化
素肌	すはだ	没化妆的皮肤,素面

ジェル		啫喱
シート		纸巾
ハリ		弹性
抜け毛	ぬけげ	脱发
頭皮	とうひ	头皮
皮脂腺	ひしせん	皮脂腺
分泌	ぶんぴつ	分泌
毛穴	けあな	毛孔
妨げ	さまたげ	阻碍
育毛剤	いくもうざい	生发剂
毛根	もうこん	发根
血行	けっこう	血液循环
円錐形	えんすいけい	圆锥形
頭蓋骨	ずがいこつ	头盖骨
すべすべ		光滑，光溜溜的
角質層	かくしつそう	角质层
バリア		防护，保护
痒み	かゆみ	瘙痒
かぶれ		炎症，斑疹
カサカサ		干巴巴的
かさつく		干燥
荒れる	あれる	粗糙
総称	そうしょう	总称
みずみずしい		水润的，娇嫩
見極める	みきわめる	看透
つや		光泽
禁物	きんもつ	禁忌
吹き出物	ふきでもの	脓包，疙瘩
スリーステップ		三部曲，三个步骤
健やか	すこやか	健康的
洗浄力	せんじょうりょく	去污力
過剰	かじょう	过剩
Tゾーン		T区（鼻子为中心）

収斂	しゅうれん	收敛
新陳代謝	しんちんたいしゃ	新陈代谢
エコノミー・クラス		（飞机的）经济舱
症候群	しょうこうぐん	综合病症
静脈	じょうみゃく	静脉
血栓症	けっせんしょう	血栓
肺塞栓症	はいそくせんしょう	肺栓塞
淀む	よどむ	淤塞,不流畅
帝王切開	ていおうせっかい	剖腹产
冠婚葬祭	かんこんそうさい	红白事,婚丧嫁娶
リラックス		放松
つぼ刺激	～しげき	刺激穴位
体勢	たいせい	姿势
整える	ととのえる	调整
背筋	せすじ	脊梁
眉じり	まゆじり	眉尾
目じり	めじり	眼尾
こめかみ		太阳穴
けんせい		肩井
肘	ひじ	胳膊肘
さんいんこう		三阴交
うちくるぶし		内踝骨
冷え	ひえ	寒症
生理不順	せいりふじゅん	月经不调
リラクゼーション		放松,舒缓
取り入れる	とりいれる	引入,纳入
もてなす		犒劳,招待
生花	せいか	鲜花
オブジェ		插花（花草以外的）材料
ポプリ		干香花袋
リース		花环
ルームコロン		空气清新剂
ハーブ		香草

ローズマリー		迷迭香
ペパーミント		薄荷
ラベンダー		薰衣草
ハーブピロー		香草枕
スキンケア		皮肤护理
ヒーリング		心理治疗
揺らぎ	ゆらぎ	摇动，振动
木漏れ日	こもれび	从树叶空隙照进来的阳光
せせらぎ		溪流的水声
イルカ		海豚
さえずり		（鸟的）鸣啭
香辛料	こうしんりょう	香辣佐料

第 10 課　ショートストーリー（朗読）

表　記	読　み　方	中　国　語　訳
ショートストーリー		小故事
転職	てんしょく	改行
長距離恋愛	ちょうきょりれんあい	远距离恋爱
涙声	なみだごえ	哭声
絞り出す	しぼりだす	挤出，勉强发出
本心	ほんしん	当真，真心话，本性
疑心暗鬼	ぎしんあんき	疑神疑鬼
下車	げしゃ	下车
早朝	そうちょう	清晨，清早
冷え込む	ひえこむ	（早晚）冷得厉害
キヨスク		车站内连锁小卖店
シャッター		卷帘门
煌く	きらめく	闪闪发光
愚か	おろか	愚蠢，糊涂
あさはか		愚蠢的，欠考虑的

察する	さっする	推测,体察
同棲	どうせい	同居
ロマンチック		浪漫,罗曼蒂克,幻想的
アイスティー		冰茶
噴出す	ふきだす	喷出,冒出
誤魔化す	ごまかす	蒙骗,敷衍
愚痴	ぐち	发牢骚,愚蠢
うっとり		因神魂颠倒而发呆状
浸る	ひたる	泡,淹
溶ける	とける	溶化
飲み干す	のみほす	喝干,喝净
着込む	きこむ	穿衣服,多穿衣服
張り詰める	はりつめる	盖满,铺满
すべらか		光滑,平滑
ふっくら		柔软而丰满状
満たす	みたす	充满,填满,装满
アプローチ		接近
おろおろ		坐立不安,惊慌失措
頷く	うなずく	首肯
嵌る	はまる	嵌入,吻合,适用
身動き	みうごき	转动身体,活动身体
うんざり		厌烦,彻底厌倦
のろのろ		迟钝,不敏捷
せがむ		央求
水筒	すいとう	水筒,水壶
案の定	あんのじょう	如预期的那样,果然
サービスエリア		高速公路路边服务区
ちらりと		一瞬,一晃
欠伸	あくび	呵欠
ハンドル		方向盘,把手
むっと		发火,不高兴或生气的样子
アトラクション		加演节目,余兴
すんなり		顺利地,毫不费力地

差し掛かる	さしかかる	逼近,临近,遇见
恨めしい	うらめしい	觉得可恨的,遗憾的
ドライブイン		(高速公路)路边休息设施,路边饭店
ぐっすり		酣然,熟睡貌
理不尽	りふじん	不合理,不讲道理
伸びやか	のびやか	轻松愉快,悠然自得
ボーカル		音乐,音乐作品,音乐节目
ヒット		成功,受欢迎
スピーディー		迅速,快速
温もり	ぬくもり	温暖,暖和

第11課　東京暮し相談（クエスチョンとアンサー）

表　記	読み方	中国語訳
クエスチョン		提问
インターネットオークション		网上竞拍
落札	らくさつ	中标
出品者	しゅっぴんしゃ	销售者,卖家
退会処分	たいかいしょぶん	给予退会的处分
アンサー		回答,答复
仕組み	しくみ	结构,构造
売り手	うりて	卖家,卖主
入札	にゅうさつ	投标
取引	とりひき	交易
訪問販売法	ほうもんはんばいほう	上门销售法
規制	きせい	限制,规定
評価欄	ひょうからん	评价栏
誹謗中傷	ひぼうちゅうしょう	诽谤中伤
引渡し	ひきわたし	交给,交付
返金請求	へんきんせいきゅう	要求退款

民事調停	みんじちょうてい	民事调解
小額訴訟	しょうがくそしょう	少额诉讼
詐欺	さぎ	欺诈
犯罪防止	はんざいぼうし	防止犯罪
クレジット		信用,信用贷款,分期付款销售
損害保険	そんがいほけん	损害保险
代金決済	だいきんけっさい	货款结算
エスクローサービス		(商)记账服务,记账式交易的服务
前払い	まえばらい	预付货款
カメオ		浮雕珠宝首饰
代引き配達	だいびきはいたつ	代收货款送货
ペンダント		首饰挂坠
肝心	かんじん	重要
貧弱	ひんじゃく	寒碜,逊色
カタログ通販	〜つうはん	邮购,邮购商品目录
チラシ広告	〜こうこく	散发的广告单
遠距離取引	えんきょりとりひき	远距离交易
返品特約	へんぴんとくやく	关于退货的特别条约
郵便局留め	ゆうびんきょくどめ	邮局代收
返送	へんそう	寄回
所在不明	しょざいふめい	地址不明
倒産	とうさん	破产
誇大	こだい	夸大
折り込みチラシ	おりこみ〜	折叠小广告
求人広告	きゅうじんこうこく	招聘广告
在宅	ざいたく	呆在家里,在家
技術取得	ぎじゅつしゅとく	掌握技术
内職	ないしょく	副业
斡旋	あっせん	斡旋,介绍
毛髪	もうはつ	头发
傷む	いたむ	受伤,受损
抜ける	ぬける	掉落,脱落
育毛	いくもう	育发,植发

増毛	ぞうもう	增发
かつら		假发
洗髪	せんぱつ	洗发
発毛剤	はつもうざい	生发剂
ケア商品	〜しょうひん	护理商品，护理用品
薄毛	うすげ	头发稀少
店頭販売	てんとうはんばい	在店铺内进行的销售
クーリング・オフ		期限内解约制度
解約	かいやく	解约
陥る	おちいる	陷入（不良状态）
粘り強い	ねばりづよい	有毅力的，坚持不懈的
悪質商法	あくしつしょうほう	坑蒙拐骗等恶劣手段
啓発団体	けいはつだんたい	启蒙团体
巻き込む	まきこむ	卷入，牵连
交渉力	こうしょうりょく	谈判能力
中古	ちゅうこ	二手
築5年	ちくごねん	5年房龄
故意	こい	故意
眺望	ちょうぼう	眺望，景致
日照	にっしょう	日照
居座る	いすわる	久坐不走
損害賠償	そんがいばいしょう	损害赔偿，损失赔偿
損害金	そんがいきん	损害赔偿金，损失赔偿金

第12課　ニュース［経済］（ラジオニュース）

表　記	読み方	中国語訳
景気動向指数	けいきどうこうしすう	景气动向指数
引き上げ	ひきあげ	提高，增加
品目	ひんもく	品种，种类
落ち込む	おちこむ	下降，低迷

指数	しすう	指数,指标
基調判断	きちょうはんだん	政府发布的经济状况分析
足踏み	あしぶみ	原地踏步,停滞不前
下方修正	かほうしゅうせい	降低预期数值
先行き	さきゆき	走向,趋势
指標	しひょう	指标
一致指数	いっちしすう	(经济)一致指数
下回る	したまわる	低于
下落幅	げらくはば	下降幅度
大震災	だいしんさい	大地震
出荷	しゅっか	出货,发货
改善	かいぜん	改善
大手	おおて	大型
対抗	たいこう	对抗
通話料	つうわりょう	电话费
定額制	ていがくせい	定额制,包月
料金体系	りょうきんたいけい	收费体系,费用系统
繰り越す	くりこす	顺延,转移
スマートフォン		智能手机
従来型	じゅうらいがた	原来的类型
長期間契約	ちょうきかんけいやく	长期合同
優遇	ゆうぐう	优惠
顧客獲得	こきゃくかくとく	争取客户,拉拢客户
拍車が掛かる	はくしゃがかかる	加剧,刺激
雇用統計	こようとうけい	雇佣统计
堅調	けんちょう	坚实的
金融危機	きんゆうきき	金融危机
失業率	しつぎょうりつ	失业率
連続	れんぞく	连续
伸び	のび	增长,延伸
リーマンショック		美国证券公司 LehmanBrothers 破产引发的世界金融危机
高止まり	たかどまり	居高不下

賃金	ちんぎん	工资
テンポ		进展状况；乐曲演奏速度
転じる	てんじる	转为,转向
信託銀行	しんたくぎんこう	信托银行
年金基金	ねんきんききん	养老金基金
株価	かぶか	股票价格
下支え	したざさえ	支撑(使之不下降)
日経平均株価	にっけいへいきんかぶか	(经济)日经平均股价
値上がり	ねあがり	价格上涨
値上がり幅	ねあがりはば	上涨幅度
東京証券取引所	とうきょうしょうけんとりひきしょ	东京证券交易所
買い越し	かいこし	买进量超过卖出量,超买
年金	ねんきん	年金,退休金
投資家	とうしか	投资家,投资者
見通す	みとおす	预计,预期
買い注文	かいちゅうもん	买入订单
動向	どうこう	动向
焦点	しょうてん	焦点
小売り	こうり	零售
家電量販	かでんりょうはん	家电量贩,家电销售
店舗	てんぽ	店铺
域外	いきがい	区域之外
子会社	こがいしゃ	子公司,分公司
自家発電	じかはつでん	自行发电,自主发电
調達	ちょうたつ	调配
本格的	ほんかくてき	正式的
立て直し	たてなおし	重新制定(计划等)
掲げる	かかげる	提出；举起
展開	てんかい	拓展,发展
一括契約	いっかつけいやく	一揽子合同
引き下げる	ひきさげる	降低
アピール		展示,宣传；魅力

日本語	よみ	中国語
供給	きょうきゅう	供给
買収	ばいしゅう	收购
首都圏	しゅとけん	首都圏
乗り出す	のりだす	积极开始（新活动）
控える	ひかえる	控制，谨慎
本格化	ほんかくか	正式化，变得正式
倍増	ばいぞう	倍增，增加1倍
ビッグデータ		大数据
動態調査	どうたいちょうさ	动态调查
固める	かためる	加固；使凝固
ルート		路径，线路
パラリンピック		残奥会
アプリケーション		应用软件
ツイッター		推特
開催	かいさい	举办，举行
整備	せいび	（使之）齐备，齐全
予算案	よさんあん	预算书，预算计划
概算	がいさん	大致估算
盛り込む	もりこむ	加入，添入
北陸	ほくりく	（地名）北陆
開業日	かいぎょうひ	开业日期
経由	けいゆ	经过，途经
走行試験	そうこうしけん	运行测试，试运行
管轄	かんかつ	管辖
ダイヤ改正	ダイヤかいせい	修改运行时刻表
加速	かそく	加速
活性化	かっせいか	活性化，充满活力
インフレ		通货膨胀
全面安	ぜんめんやす	全面下降
東証株価指数・トピックス	とうしょうかぶかしすう・トピックス	东京证券股价指数
最安値	さいやすね	最低值
終値	おわりね	收盘价

表記	読み方	中国語訳
株安	かぶやす	股价下跌
経営基盤強化	けいえいきばんきょうか	强化经营基础
公的	こうてき	公共的
返済	へんさい	还款
引き継ぐ	ひきつぐ	继承
残高	ざんだか	余额
売却	ばいきゃく	卖掉
住宅ローン	じゅうたくローン	购房贷款
金利設定	きんりせってい	利率设定
デフレ		通货紧缩
脱却	だっきゃく	摆脱
ファンダメンタル		基础,根本

第13課　環境保護（現地レポート）

表記	読み方	中国語訳
環境啓発	かんきょうけいはつ	环境启蒙
アルピニスト		登山运动员
小笠原	おがさわら	小笠原（地名）
制覇	せいは	征服
登山家	とざんか	登山家
エベレスト		珠穆朗玛峰（地名）
ぱっと		一下子
一瞬	いっしゅん	一瞬间
諸島	しょとう	诸岛
サイパン		塞班岛（地名）
亜熱帯	あねったい	亚热带
ガラパゴス		加拉帕戈斯（地名）
陸続き	りくつづき	陆地毗连
父島	ちちじま	父岛（地名）
合流	ごうりゅう	汇合

日本語	よみがな	中文
開校式	かいこうしき	开营仪式
メッセンジャー		传言人，信使
漠然的	ばくぜんてき	漠然的
南島	みなみじま	南岛（地名）
眠りブタ	ねむり〜	睡猪
サメ		鲨鱼
エメラルドグリーン		翡翠绿
カタマイマイ		贝类动物名
入島制限	にゅうとうせいげん	进岛限制
百聞は一見にしかず	ひゃくぶんはいっけんにしかず	百闻不如一见
メディア		媒体
抑える	おさえる	控制
エネルギー		能源
福島県	ふくしまけん	福岛县（地名）
原子力	げんしりょく	原子能
発電所	はつでんしょ	发电站
放射性物質	ほうしゃせいぶっしつ	放射性物质
火力発電	かりょくはつでん	火力发电
燃料	ねんりょう	燃料
二酸化炭素	にさんかたんそ	二氧化碳
天然ガス	てんねん〜	天然气
再生	さいせい	再生
太陽光	たいようこう	太阳光
風力	ふうりょく	风力
地熱	ちねつ	地热
買い取る	かいとる	买进
志す	こころざす	立志，志愿
商機	しょうき	商机
パネル		嵌板、镶板
跡地	あとち	轮作地
根室市	ねむろし	根室市（地名）
風車	ふうしゃ	风车

海岸沿い	かいがんぞい	海岸线
ワシ		鹫、雕
フクロウ		猫头鹰
オジロワシ		白尾海雕
ブレード		风车扇片
即死	そくし	当场死亡
絶滅危惧種	ぜつめつきぐしゅ	濒危物种
福井県	ふくいけん	福井县（地名）
大野市	おおのし	大野市（地名）
バイオマス		生物量
トン		吨
リラクゼーション		放松，舒缓
取り入れる	とりいれる	引入，纳入
もてなす		犒劳，招待
生花	せいか	鲜花
オブジェ		插花（花草以外的）材料
ポプリ		干香花袋
リース		花环
ルームコロン		空气清新剂
ハーブ		香草
ローズマリー		迷迭香
ペパーミント		薄荷
ラベンダー		薰衣草
ハーブピロー		香草枕
スキンケア		皮肤护理
ヒーリング		心理治疗
揺らぎ	ゆらぎ	摇动，振动
木漏れ日	こもれび	从树叶空隙照进来的阳光
せせらぎ		溪流的水声
イカル		海豚
さえずり		（鸟的）鸣啭
香辛料	こうしんりょう	香辣佐料

第 14 課　自分を表現して（対談・解説）

表　記	読み方	中国語訳
縁	へり	缘,边
直撃	ちょくげき	直击,直接攻击
鼻毛	はなげ	鼻毛
ジーパン		牛仔裤
太もも	ふと〜	大腿,大腿肚子
霜焼け	しもやけ	冻伤,冻疮
極寒	ごっかん	非常寒冷
爆竹	ばくちく	爆竹
解禁	かいきん	解除禁令
路地	ろじ	胡同,小巷
尺	しゃく	尺
ボックス		箱,盒,匣
導火線	どうかせん	导火线
連発	れんぱつ	连发,连响
破裂	はれつ	破裂
飲み込む	のみこむ	理解,领会
エンディング		末尾
爆発	ばくはつ	爆发
暴れる	あばれる	闹,乱闹,荒唐
テンション		紧张
凛々しい	りりしい	威严,可敬畏的
倍増	ばいぞう	倍增
水溜り	みずたまり	水坑,水洼
ヒリガデ		康复庭园（healing garden）
天使	てんし	天使
トキソウ		朱鹭草
トキ		朱鹮
控え目	ひかえめ	知分寸,有节度,低调

ニュアンス		微妙的感觉
しょっぱい		咸的
でしゃばる		好出风头，多管闲事
合わさる	あわさる	相合，调和
キャラ		沉香
脇役	わきやく	配角
ラエル節	ラエルぶし	曲名
バイプレーヤー		配角，助演者
プレーン		单纯，朴素
ウエイター		服务生
然り気ない	さりげない	若无其事
スキル		纯熟的技术
カフェ		咖啡馆
オーラ		灵气
放っておく	ほうっておく	放开不管
メイン		主要
佇む	たたずむ	伫立
程よい	ほどよい	适当，恰好，恰如其分
憧れる	あこがれる	憧憬，渴望
体感	たいかん	亲身体验
場数を踏む	ばかずをふむ	经验丰富
臨機応変	りんきおうへん	临机应变
持ち主	もちぬし	持有者，所有人
感受性	かんじゅせい	感受性
ニュートラル		中立，中性的
ポジション		地位，位置
成熟	せいじゅく	成熟
プレッシャー		压力
紅色	べにいろ	红色
深森	ふかもり	深森（姓氏）
スタート		开始
加減	かげん	情况，状态
アップ		提高，上涨

第 15 課　やさしさよ（対談）

表　記	読み方	中国語訳
奥の細道イブン	おくのほそみちイブン	奥州小道（节目名称）
稽古場	けいこば	练习场,排练场
脚本	きゃくほん	脚本,剧本
膨らむ	ふくらむ	膨胀
ビジュアル		视觉的,直观的
芭蕉	ばしょう	芭蕉（人名）
夏目漱石	なつめそうせき	夏目漱石（人名）
寺田寅彦	てらだとらひこ	寺田寅彦（人名）
タイムマシーン		时间机器
時空	じくう	时空
トップバッター		第一个出场,第一击者
吾輩は猫である	わがはいはねこである	吾輩是猫（作品名）
相手役	あいてやく	对手
距離感覚	きょりかんかく	距离感觉
使命	しめい	使命
一場	いちば	第一场
二場	にば	第二场
群舞	ぐんぶ	集体舞
バレエ		芭蕾舞
どっすんばったん		忙乱的样子
方向転換	ほうこうてんかん	转换方向
うなだれる		垂头丧气
クライマックス		最高潮,最高点
先頭	せんとう	前头,最先
最長記録	さいちょうきろく	最长记录
詰め込む	つめこむ	塞满
ライブバージョン		实况转播版本

エキセントリック		古怪,反常
無謀	むぼう	鲁莽,草率
見込む	みこむ	期待
出演者	しゅつえんしゃ	表演者
手一杯	ていっぱい	非常忙
世知辛い	せちがらい	生活艰难的
キンモクセイ		金木犀,丹桂
チューリップ		郁金香
ヒマワリ		向日葵
南天	なんてん	南天竹
ベース		(音乐用语)低音
メロディー		旋律,曲调
すっぽり		完全蒙上貌
歌い上げる	うたいあげる	吟唱
ニューアルバム		新唱片

第 16 課　ニュース［スポーツ］（ラジオニュース）

表　記	読み方	中国語訳
地元	じもと	当地,本地
相次ぐ	あいつぐ	连续不断
コスト		成本
江東区	こうとうく	江东区（东京的地区名）
ブランド		品牌
東京都庁	とうきょうとちょう	东京都政府
掲げる	かかげる	举起,挂
根幹	こんかん	根本,原则
提言	ていげん	建议
福原愛	ふくはらあい	福原爱（选手名）
序盤	じょばん	第一回合
連取	れんしゅ	连续获胜

声援	せいえん	呐喊助威
メジャー		主要的,较大的
ツアー		旅行(行程),比赛日程
ラウンド		回合
現地	げんち	现场
ギリシャ		希腊(国名)
持ち味	もちあじ	原味,固有特色
聖火	せいか	圣火
リレー		接力赛跑
縦断	じゅうだん	纵贯
招致	しょうち	邀请
被災地	ひさいち	受灾地区
後押し	あとおし	推动,支援
場所	ばしょ	(相扑)会场,会期
波乱	はらん	波折,激烈的
大砂嵐	おおすなあらし	大沙岚(选手名)
鶴竜	かくりゅう	鹤龙(选手名)
千代丸	ちよまる	千代丸(选手名)
高安	たかやす	高安(选手名)
遠藤	えんどう	远藤(选手名)
千代鳳	ちよおおとり	千代凤(选手名)
琴奨菊	ことしょうぎく	琴奖菊(选手名)
白鵬	はくほう	白鹏(选手名)
日馬富士	はるまふじ	日马富士(选手名)
嘉風	よしかぜ	嘉风(选手名)
空手	からて	空手道
パラリンピック		残奥会,残疾人奥林匹克运动会
突き	つき	(空手道)冲拳
蹴り	けり	(空手道)踢
打撃	だげき	打击;冲击;(空手道)击打
攻撃	こうげき	攻击;进攻;击球;击打
競う	きそう	竞赛;比赛
組手	くみて	(空手道)对打,格斗,搏击

寸前	すんぜん	临近；燃眉之急
技	わざ	技能；本领；招数
型	かた	（空手道）套路
受け継ぐ	うけつぐ	继承；传承
源流	げんりゅう	源流，水源，起源，起始
静止	せいし	静止
鍛錬	たんれん	锻炼
忍耐力	にんたいりょく	忍耐力，承受力
培う	つちかう	培植；培养；培育
礼	れい	礼节；（鞠躬）敬礼；致谢；礼品
敬う	うやまう	尊敬
鍛える	きたえる	锤炼；锻炼
誠心誠意	せいしんせいい	诚心诚意；全心全意

第17課　生き方（対談）

表　記	読み方	中国語訳
声優	せいゆう	配音演员
朗読協会	ろうどくきょうかい	朗读协会
ワークショップ		学习班
稽古	けいこ	练功，排练
シーフレンズ		艺术学习班名称（专用名词）
ライフ		人生，生活
タイトル		题目
演技	えんぎ	演技
台本	だいほん	剧本
仕上がる	しあがる	完成
六本木	ろっぽんぎ	六本木（地名）
大江戸線	おおえどせん	大江户线
赤羽橋	あかばねばし	赤羽桥（地名）
乳がん	にゅうがん	乳腺癌

摘出手術	てきしゅつしゅじゅつ	切除手术
控える	ひかえる	临近
ストーリー		故事,情节
ストレート		直接
焦点	しょうてん	焦点
立ち止まる	たちどまる	停滞不前
落とし穴	おとしあな	闪失,陷阱
順風満帆	じゅんぷうまんぱん	一帆风顺
はたと		一下子
熟年離婚	じゅくねんりこん	五六十岁人的离婚
本来業務	ほんらいぎょうむ	本职工作
きつい		厉害,严厉,费劲
タフ		坚强,坚韧,结实
麻布	あざぶ	麻布(地名)
ディープラッツ		剧场
ブログ		博客
前売り	まえうり	预售
ローソン		罗森便利店
告知	こくち	宣传,告示
本業	ほんぎょう	本职工作
キャリア		经历,经验
ジャズピアニスト		爵士钢琴演奏家
露出度	ろしゅつど	露脸频率
携帯小説	けいたいしょうせつ	手机小说
配信	はいしん	发送,播放
ドコモ	(docomo)	日本移动通讯公司名
エーユー	(au)	日本移动通讯公司名
イージーウェブ		EG网
エンターテイメント		娱乐
ボーダフォン		日本移动通讯公司名
浸透記憶	しんとうきおく	渗透记忆
曰くつき	いわくつき	有缘由的
ぶつ切り	ぶつぎり	剪切

見識	けんしき	见解，见识
デジタル		数字
スクロール		拖（windows 右边的）边条
著者名	ちょしゃめい	作者名
メモリー		记忆，存储卡
ハード		硬的，硬件
エッチ	(H)	色情的

第 18 課　僕の愛した人（ラジオドラマ）

表　記	読み方	中国語訳
所存	しょぞん	打算
ナウ		时髦
ヤング		年轻
偏差値	へんさち	偏差值
エリート		顶尖，尖子
落ちこぼれ	おちこぼれ	掉队
教壇	きょうだん	讲台
セクハラ		性骚扰
ふんぞり返る	ふんぞりかえる	傲慢
インパクト		给人强烈印象
くどい		唠唠叨叨
ドッチボール		躲避球游戏
寮母	りょうぼ	管理宿舍的女性管理员
プライベート		私人的，隐私的
林間学校	りんかんがっこう	夏令营
モットー		宗旨，理念
ダブルピース		上下分开的裙装
ジャージー		运动衫
もじゃもじゃ		乱蓬蓬
しゃがむ		蹲，下蹲

表記	読み方	中国語訳
熱血	ねっけつ	热血
肩入れ	かたいれ	偏袒
フライング		错误判断
プロフィール		简历
温床	おんしょう	温床
なぶり殺し	なぶりごろし	玩弄死,折磨死
アタック		进攻
魔球	まきゅう	魔球
目ばたき	まばたき	眨眼
やせがまん		硬撑着
だいごみ		乐趣
フォーメーション		阵势
ハイジャンプ		跳高
分身大回転魔球	ぶんしんだいかいてんまきゅう	分身大回转魔球

第19課　商品広告（ラジオ広告）

表　記	読み方	中国語訳
麦汁	ばくじゅう	小麦浆,麦液
ホップ		啤酒花
まろやか		醇和,醇厚
飲み口	のみくち	(酒)口感,味道
しわ		皱纹,褶子
にきび		痤疮,粉刺
しみ		黄褐斑,雀斑,污痕
肌荒れ	はだあれ	皮肤粗糙
内臓	ないぞう	内脏
漢方	かんぽう	中医
フェーシャル		面部按摩
鍼	はり	针灸

肩こり	かたこり	肩酸，肩头发僵
腰痛	ようつう	腰疼
得意先	とくいさき	客户
プロジェクト		项目
日経	にっけい	《日本经济报》的简称
投資委託	とうしいたく	委托投资
オリジナル		独创的，原创
ホームページ		网页
ヘッドラインニュース		标题新闻
タイヤ		轮胎，车胎
調製豆乳	ちょうせいとうにゅう	配方豆奶
仕上げる	しあげる	做好，完成
無菌包装	むきんほうそう	真空包装
セーフティシール		安全封条
ダブル		双重，双倍
舗装	ほそう	铺修，铺路
アスファルト		柏油，沥青
水はね	みずはね	溅水
ハイドロプレーニング		汽车打滑
走行	そうこう	行车
ノイズ		噪音，杂音
低減	ていげん	降低，减少
歯並び	はならび	齿列，牙齿的排列
黒ずむ	くろずむ	带黑，发黑
ルミニアーズ		烤瓷牙
瞬く間	またたくま	一瞬间，眨眼间，一刹那
コンタクトレンズ		隐形眼镜
違和感	いわかん	感觉不适应，不谐调
耐久素材	たいきゅうそざい	耐用材料
注射麻酔	ちゅうしゃますい	注射麻醉
エクシリム		卡西欧小型数码相机的牌子
スタイリッシュ		时髦的，漂亮的
ズーム		镜头

液晶モニター	えきしょう〜	液晶显示屏
画素	がそ	画素,像素
ラテンオレンジ		橘红色
スパークルシルバー		亮银白
ミストラルブルー		地中海蓝
ルミナスゴールド		淡金黄色,晨光金
シンプル		简洁,素气,朴素
ワールドエクスプレス		世界旅行车队,世界快客
リムジンサービス		汽车接送服务
車種	しゃしゅ	车型,汽车种类
サンノゼ		圣和塞(地名)
サンフランシスコ		旧金山(地名)
エリア		地区,区域,范围
カバー		覆盖,包括
俊也	しゅんや	俊也(人名)
隆志	たかし	隆志(人名)
引越しセンター	ひっこし〜	搬家公司,搬家中心
テクニック		技巧,技艺
検疫	けんえき	检疫
梅干	うめぼし	梅干,腌梅子,咸梅干
紀州南高梅	きしゅうなんこううめ	纪州南高梅(梅子品种之一)
完熟	かんじゅく	熟透,完全成熟
果肉	かにく	果肉
税込み	ぜいこみ	含税价格
漬け込む	つけこむ	泡,腌
梅しそとんかつ	うめしそとんかつ	梅干炸猪排
豚の角煮	ぶたのかくに	炖肉块
鰯	いわし	鳁,沙丁鱼
鯵	あじ	竹荚鱼
パナソニックフェア		松下电器展销会,松下商品交易会
4K対応テレビ	よんケーたいおうテレビ	4K电视
エコナビ		节能导航功能
くつろぎ		舒适,惬意,轻松愉快

心地いい	ここちいい	舒适，爽快，惬意
取り付け	とりつけ	安装
車庫	しゃこ	车库
ミスターブライト		方形简易多功能灯
大ヒット	だい～	热卖，受欢迎
壁掛け	かべかけ	壁挂式
センサーライト		感应灯
モーションブライト		圆形简易多功能灯
突破	とっぱ	突破；超过；打破
オールシーズン磁気腹巻	～じきはらまき	四季兼用腹带
フィット		合身，适合
ずれる		错开，错离；偏离，背离
メッシュ素材	～そざい	网状材料
蒸れる	むれる	蒸熟；蒸透；闷
爽やか	さわやか	清爽，爽快，爽朗
捗る	はかどる	进展
座りっぱなし	すわりっぱなし	久坐
こり		硬块，（肌肉）酸痛
ほぐす		解开，拆开，揉开
血行	けっこう	血液流通，血液循环

第20課　ロボタン（ラジオドラマ）

表　記	読み方	中国語訳
驚異	きょうい	惊人，不可思议
キャラクタ		人物，角色
ヴォイス		声音
ハイテクノロジー		高科技
人工智能	じんこうちのう	人工智能
搭載	とうさい	装备，配备
手放す	てばなす	舍弃，转让，放手

品切れ	しなぎれ	脱销,断货
問い合わす	といあわす	询问,垂询
納品	のうひん	交货
あそばす		接在"お"、"ご"加动词连用形或名词后,"する"的敬语
ディズニーランド		迪斯尼乐园
近場	ちかば	附近
うわさ		风言风语,传闻
ガムテープ		胶带
松坂牛	まつざかぎゅう	松坂(地名)牛肉
キャビア		鱼子酱
陰謀	いんぼう	阴谋
嫌味	いやみ	令人不快的
初期化	しょきか	恢复原始设置,格式化
売り	うり	卖点
ぶっ壊れる	ぶっこわれる	弄坏
脳みそ	のうみそ	脑筋,智力,脑浆
洗い物	あらいもの	要洗的衣服或餐具
散らかる	ちらかる	凌乱,乱七八糟
集結	しゅうけつ	集合,集结
装備	そうび	安装,装备
弾丸	だんがん	子弹头
はね返す	はねかえす	弹回去
馬力	ばりき	马力(计量功率的单位)
人畜無害	じんちくむがい	人畜无害
頼り	たより	依靠,倚仗(的人或物)
留守電	るすでん	留言电话
音痴	おんち	感觉迟钝的人
エースストライカー		第一得分手
万能	ばんのう	万能,善于应付各种事物
モテモテ		大受欢迎,吃香
発見器	はっけんき	识别器
信憑性	しんぴょうせい	可信度

痴呆	ちほう	白痴,痴呆
人懐こい	ひとなつこい	粘人的,恋慕人的
番犬	ばんけん	看家狗
模様替え	もようがえ	改变布局,改变式样
飼い主	かいぬし	饲养者,(动物的)主人
手始め	てはじめ	着手,开始工作
風呂沸かし	ふろわかし	烧洗澡水
モーニング娘	～むすめ	(电视台)早安少女(节目)
マッサージ		按摩
生える	はえる	(头发等)长出来
贅肉	ぜいにく	赘肉
インドエステ		印度全身美容
待ちに待った	まちにまった	久等,期盼已久
聞き逃す	ききのがす	漏听
手強い	てごわい	难对付的
修行	しゅぎょう	修行
配置	はいち	布置,安置
見取り図	みとりず	草图
かつ		而且
年相応	としそうおう	与年龄相称
パテーション		隔断
仕切る	しきる	隔开,间隔
収納スペース	しゅうのう～	收纳空间,收藏空间
一人ぼっち	ひとりぼっち	孤独,孤单一个人